产业链协同发展丛书

中国
畜牧产业链的
纵向整合

VERTICAL INTEGRATION OF
LIVESTOCK INDUSTRY CHAIN IN CHINA

江光辉◎著

本书出版得到安徽省自然科学基金（2308085QG239）资助

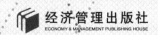

经济管理出版社
ECONOMY & MANAGEMENT PUBLISHING HOUSE

图书在版编目（CIP）数据

中国畜牧产业链的纵向整合/江光辉著 . —北京：经济管理出版社，2024. 5
ISBN 978 - 7 - 5096 - 9730 - 6

Ⅰ.①中…　Ⅱ.①江…　Ⅲ.①畜牧业—产业发展—研究—中国　Ⅳ.①F326.3

中国国家版本馆 CIP 数据核字（2024）第 110155 号

组稿编辑：王光艳
责任编辑：王光艳
责任印制：许　艳

出版发行：经济管理出版社
　　　　　（北京市海淀区北蜂窝 8 号中雅大厦 A 座 11 层　100038）
网　　　址：www. E-mp. com. cn
电　　话：（010）51915602
印　　刷：北京市海淀区唐家岭福利印刷厂
经　　销：新华书店
开　　本：720mm×1000mm/16
印　　张：13. 25
字　　数：231 千字
版　　次：2024 年 6 月第 1 版　　2024 年 6 月第 1 次印刷
书　　号：ISBN 978 - 7 - 5096 - 9730 - 6
定　　价：68. 00 元

前　言

　　中国畜牧业已进入产业化的快速发展阶段，生产分工深化形成了巨大的规模经济效益，使畜牧业成为农业系统的重要支撑。与此同时，工商资本大量进入已成为国内外畜牧产业发展的共同趋势，各大畜牧企业借助政策红利和产业结构调整的机会快速扩大规模、占领各环节的市场。然而，横向规模扩张引致的市场容量增长，致使企业市场交易成本不断提高，企业发展容易陷入"市场规模—交易成本"困境：一方面，有限的横向规模限制了企业获取规模经济效益；另一方面，横向规模扩大后，市场主体机会主义行为及交易频率增加会引致交易成本不断攀升，制约企业规模经济效益持续增长。在传统的规模经济理论无法给出合理解释的情况下，畜牧企业横向规模扩张与市场交易成本攀升的矛盾如何得到有效解决？本书基于对中国畜牧产业链发展的历史回顾与对纵向整合现状的考察，发现随着改革开放后工商资本的进入和畜牧关联产业市场分工的深化，中国畜牧产业链核心环节的市场容量不断增长，专业化分工程度不断提高，各环节之间呈现逐渐分离的趋势。为减缓这一趋势下市场风险和交易成本的上升，畜牧企业，尤其是上市龙头企业规模化发展策略开始朝纵向整合转变，产业链纵向整合程度由此呈现波动上升的趋势，特别是在2014年前后，在养殖业环境规制的影响下，产业链纵向整合程度又有了小幅提升。那么，纵向整合所表达的组织内部分工经济是否有助于解决畜牧企业"市场规模—交易成本"矛盾？据此，本书力图从产业链纵向整合的研究视角对这一现实问题作出经济学阐释。

　　产业链纵向整合源于微观企业的经营决策调整，面对产业资本深化和市场交易成本变化，畜牧企业的战略决策逐渐向纵向整合转变。值得深入思考的问题是，工商资本深化如何影响产业链纵向整合？养殖业环境规制是否对工商资本整合畜牧产业链的进程产生影响？龙头企业纵向整合模式选择的决策因素是什么？纵向整合深化将对企业经营绩效产生怎样的影响？这一系列问题需要科学规范的论证和系统充分的阐释。本书在畜牧关联产业工商资本深化的背景下，从产业链纵向整合这一主题切入，基于相关经济理论和工具，构建企业纵向整合决策的理论模型，剖析和理解工商资本整合畜牧产业链的理论逻辑和经济影响。在此基础上，利用"国泰安中国上市公司财务报表数据库"（CSMAR）和江苏省畜牧龙头企业访谈调研，采用实证研究与案例分析相结合的方法，分别就工商资本深化对畜牧产业链纵向整合深化的影响、环境规制对畜牧业工商资本深化与产业链纵向整合的冲击、畜牧企业纵向整合模式选择的决策因素以及纵向整合对畜牧企业经营绩效的影响进行了深入的研究。全面展示了工商资本深化背景下畜牧产业链纵向整合的前因后果和微观机制，系统解释了畜牧企业横向规模扩张与市场交易成本攀升的矛盾，为政府有序引导工商资本进入畜牧业，促进畜牧企业实现经营绩效可持续提升提供科学决策的依据。本书主要研究结论包括：

工商资本深化通过引致畜牧企业增加专用性资产投资提高外生交易费用，以及使用资本要素替代劳动要素降低内生交易费用，从而促进畜牧产业链纵向整合。从整合方向来看，工商资本深化对畜牧企业前向整合的促进作用更大，表明国内的畜牧企业更倾向对产品销售渠道的整合。异质性分析表明，工商资本深化对畜牧产业链纵向整合的促进作用表现出显著的企业产权性质异质性以及产业链环节异质性。

养殖业环境规制政策的实施，一方面在养殖环节形成产业结构调整效应，通过"养殖成本—收益"机制和"市场进入—退出"机制，促进小散养殖户大量退出，加快工商资本在养殖环节扩张的速度和规模；另一方面在养殖环节引起生产布局转移效应，通过进一步提高养殖环节集中度，扩大饲料主产区、定点屠宰区与畜禽主产区三者之间的地理距离，增加产品或原料运输成本和损耗，提高了养殖企业外生交易成本，最终加速畜牧产业链纵向整合的进程。从整合方向来看，养殖业环境规制冲击对畜牧企业前向整合的促进作用更大。

通过契约农业的形式，畜牧企业在养殖环节的每一种纵向整合模式都是在给定的交易属性下权衡外部市场交易成本和内部生产成本所作出的理性选择，交易成本或资产专用性的差异使不同的生产环节或品种都有其最适宜的契约模式。由于契约的不完备性，龙头企业的契约选择存在一个适应性调整的过程。例如，非洲猪瘟疫情冲击或环境规制约束会降低履约效率，企业会调整原始的单一契约模式，向利益联结更加紧密的中间型契约模式或混合契约模式过渡，这一演变过程也会因资产专用性的不同而存在差异。所以，畜牧企业为应对外生风险冲击而采取的组织形式优化，对产业链纵向整合也起到了一定的促进作用。

横向规模扩张和纵向整合深化均与畜牧企业经营绩效之间呈显著的倒"U"型关系。在畜牧企业纵向整合程度较低的情况下，倒"U"型曲线的拐点还将左移；在畜牧企业纵向整合程度较高的情况下，畜牧企业横向规模扩张将持续改进其经营绩效。在适度区间内，整合产品销售渠道带来的经营绩效改进作用，对于不同规模的畜牧企业具有普遍适用性，而整合原料供应渠道带来的经营绩效改进作用仅存在于大规模畜牧企业。两种规模化发展策略在适度水平上不仅可以相互促进，而且存在较强的协同效应，均对畜牧企业经营绩效具有正向的交互影响。

综合上述研究内容和结论，旨在更好地以畜牧产业化龙头企业为主要载体，促进乡村产业振兴和畜牧产业高质量发展，相关对策建议包括以下四个方面：其一，充分发挥畜牧龙头企业的带动作用，构建区域全产业链发展格局；其二，促进畜牧产业政策和环保政策的长效性、稳定性和精准性；其三，有序引导工商资本因地制宜选择合适的方式和环节进入畜牧关联产业，避免农业产业化模式的盲目复制和推广；其四，积极实施适度的纵向整合战略，推动畜牧企业规模化发展。

本书立足畜牧关联产业分工深化和工商资本进入之实，从交易成本的视角深入研究畜牧企业规模化发展的障碍与阻力，并基于产业链纵向整合所表达的内部分工经济阐释传统规模经济理论无法解释的畜牧企业"市场规模—交易成本"矛盾，特别是环境规制约束下的畜牧企业纵向整合行为决策。本书认为，产业链纵向整合的本质是由市场形式的社会分工向一体化形式的企业组织内分工演进，企业横向规模扩张与纵向分工深化是并行不悖的农业规模化发展策略，能为产业链纵向整合行为背后的经济学含义提供新的解释。

本书的出版得到作者江光辉承担的 2023 年安徽省自然科学基金（2308085QG239）的资助，并得到安徽财经大学金融学院的支持。希望本书的出版有助于政府部门有序引导和促进工商资本进入畜牧产业链，实现畜牧企业经营绩效的可持续提升和畜牧产业的高质量发展。受作者水平和能力限制，书中难免存在不足之处诚请各位同仁、广大读者批评指正，特驰惠意。

目　录

第一章

绪　论

第一节　研究背景、问题提出与研究意义

一、研究背景

改革开放以来，我国畜牧业综合生产能力和规模化比重不断提升，畜牧业产值占农业总产值的比重由 1980 年的 16.5% 上升至 2022 年的 48.22%[①]，成为我国现代农业系统的重要支撑点。畜牧关联产业分工深化形成了巨大的规模经济效益，在拉动产业链上龙头企业发展的同时，也吸引了更多的工商资本进入。与此同时，自乡村振兴战略提出以来，"产业兴旺"一直处于首要位置，《乡村振兴战略规划（2018~2022 年）》明确提出"鼓励工商资本到农村投资适合产业化、规模化经营的农业项目"，历年中央一号文件都将有序引导工商资本下乡作为"顶层设计"，支持"工商资本参与乡村振兴"，推动"农业全产业链开发"。中国现存各类农业产业化组织 41 万多个，其中龙头企业超过 13 万家（刘婷婷等，2020），辐射带动农户占全国农户总数的 74.5%，畜牧养殖及加工行业龙头企业占畜牧养殖及加工行业企业总数的 20.3%，带动畜禽饲养量占全国之比超过 2/3（张延龙等，2021）。引导工商资本带动农业产业化发展已成为提高小农户组织化程度、

[①]　数据来源于《中国统计年鉴》（1981~2023 年）。

推进乡村产业振兴的重要政策着力点。我国畜牧业产业化经营出现较早，工商资本深化进程相对较快。畜牧企业借助政策红利和产业结构调整之机快速扩张规模、占领养殖环节的市场，2015~2022 年国内十大畜牧龙头企业生猪养殖集中度（CR10）由 4.1% 迅速上升至 20.28%（见图 1-1），而其他养殖行业，如养禽业的资本扩张速度更快。在《农民日报》发布的《2021 年（第五届）中国农业企业 500 强榜单》中，畜牧龙头企业占据 57 家①，可见畜牧业工商资本扩张势头的强劲。

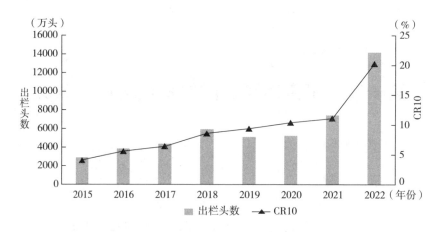

图 1-1　2015~2022 年国内十大畜牧龙头企业生猪养殖集中度

资料来源：各畜牧类上市公司年报。

工商资本深化已成为国内外畜牧关联产业发展的共同趋势，不仅促进了企业横向规模的扩张，还引起了关联产业市场容量的增长。根据"斯密—杨格定理"（Smith-Young Theorem），市场容量的增长必然伴随着交易活动和环节的增加。因而畜牧关联产业工商资本深化在形成规模经济效益的同时也会引发市场交易活动增加，市场分工越细或由此引发的专业化生产环节越多，市场交易频率越高、规模越大，产生的交易成本也越高，这又会影响市场规模的进一步扩张，从而阻碍企业规模经济效益的持续提升。因此，规模扩大引致的市场容量增长和专业化分工程度提高，致使企

① 2021 年（第五届）中国农业企业 500 强公示［EB/OL］. 中国农网，［2021 - 12 - 10］. http：//www. farmer. com. cn/2021/12/10/99883984. html.

业市场交易成本不断提高，使企业经营容易陷入"市场规模—交易成本"困境——一方面，有限的横向规模限制了企业获取规模经济效益；另一方面，横向规模扩大后，市场主体机会主义行为以及外部交易频率提高会引致市场交易成本不断攀升，制约企业规模经济效益的持续增加。传统的规模经济理论无法对此给出合理解释，那么，工商资本深化带来的畜牧企业横向规模扩张与市场交易成本攀升的矛盾如何才能得到有效解决？

另外，畜牧企业在形成一定规模后，都致力于向产业链上下游延伸产业组织的纵向边界，从而进行全产业链布局的纵向整合发展模式。这在资本实力较强、规模较大的龙头企业中已经成为一种普遍的经营战略。譬如，饲料加工环节的大北农集团正全面布局产业链中游养殖环节，畜禽养殖环节的温氏股份正积极地向产业链上游的饲料生产和下游的屠宰加工环节整合，处于屠宰加工环节的双汇集团早已在产业链中游的养殖环节和下游的流通销售环节开展了纵向整合战略，等等。部分畜牧龙头企业向产业链上下游环节整合的历程如表1-1所示。从宏观产业层面来看，龙头企业通过纵向整合经营战略形成了多元化和多层次的产业组织模式，已成为推进农业产业化的核心载体；从整合环节来看，虽然各类畜牧龙头企业初始进入环节各不相同，但均不同程度地表现出以产业链起始环节为核心向产

表1-1　部分畜牧龙头企业整合产业链的历程

企业名称	正邦	唐人神	新希望	大北农	双汇	圣农
产业链起始环节	饲料加工（1996）	饲料加工（1988）	饲料加工（1988）	饲料加工（1994）	屠宰加工（1969）	肉鸡养殖（1986）
向上游环节整合	生猪育种（2006）	生猪育种（1996）动物保健（2000）	良种繁育（2015）	动物保健（2002）生猪育种（2011）	饲料加工（1996）动物保健（2002）	种鸡繁育、苗鸡孵化（1993）
向中游环节整合	生猪养殖（2003）	生猪养殖（2016）	畜禽养殖（2015）	生猪养殖（2011）	畜禽养殖（2002）	—
向下游环节整合	肉品加工（2009）商超流通（2009）	商超流通（1994）屠宰加工（1995）	屠宰加工（2001）商超流通（2016）	电商流通（2011）	商超流通（1999）	屠宰加工（1993）商超流通（2006）

注：括号内为对应企业进入该产业链环节的年份。

资料来源：各畜牧企业官方网站。

业链上下游环节整合的行为；而且，整合环节一般是关键技术环节或重要的原材料供应和产品销售渠道，表现为工商资本对核心渠道和技术环节的控制，从而将不可控的外部市场交易环节内化为可控的生产管理环节。那么，纵向整合所表达的组织内部分工经济是否有助于解决畜牧企业"市场规模—交易成本"矛盾？为此，本书试图从产业链纵向整合的视角对这一现实问题作出经济学阐释。

二、问题提出与研究意义

从产业链的角度来看，工商资本进入畜牧关联产业不仅促进了各类产业组织的建立和发展，也直接推动了畜牧关联产业资本密集程度的迅速提高。梳理各大畜牧龙头企业的发展历程可以发现，这些企业在发展壮大到一定规模时，均不同程度地表现出产业链纵向整合的行为，通过将饲料加工、畜禽养殖、屠宰加工、商超流通等核心环节的市场交易整合到企业内部生产，从而控制产业链内核心技术和渠道，包括前向整合（上游环节控制下游环节）和后向整合（下游环节控制上游环节）。应该说，以龙头企业为代表的畜牧关联产业工商资本的大量进入，对我国畜牧产业链纵向整合产生了深远影响。引人深思的是，工商资本深化通过怎样的路径推动产业链纵向整合？对于畜牧企业而言，怎样才能有效扩展其在产业链上的纵向边界进而推动纵向整合深化？目前，鲜有研究对此进行探讨。为深入理解产业链纵向整合深化的逻辑，本书将重点关注工商资本深化对畜牧产业链纵向整合程度的影响及作用机制。

产业链纵向整合源于微观企业经营决策调整。随着畜牧企业的纵向边界向养殖环节不断扩张，龙头企业成为规模化养殖和产业化经营的主要推手，但受到养殖资源禀赋条件的限制，目前中小养殖场（户）仍是我国畜禽养殖业的重要组成部分（郭利京、林云志，2020）。现代养殖企业通常采取"公司+农户""公司+合作社+农户"等产业组织模式，充分利用养殖户的劳动力、土地和设施等资源，不仅能降低固定资产投入和劳动力成本，使养殖规模实现低成本快速扩张，还能带动当地农户就业增收和产业快速发展。因而，纵向整合行为不仅局限于产业链不同环节的企业之间，企业与养殖户之间也形成了一体化的组织形态和多样化的交易方式。从新制度经济学角度来看，畜牧龙头企业实施纵向整合战略的决策动因何在？

对此，已有大量文献探讨了企业纵向整合行为的影响因素（綦好东、王瑜，2014；胡求光等，2015；张贞，2019），也有部分学者关注到了交易成本中的资产专用性维度在纵向整合过程中发挥的作用（刘颖娴、郭红东，2012）。在成本最小化的激励机制下，有效降低市场交易成本是企业纵向整合决策的重要因素，但这同时又会引起企业组织内部成本的提高。因此，厘清企业对市场交易成本和内部生产管理成本的权衡如何影响其纵向整合决策，是理解畜牧企业纵向整合模式选择的关键。

近年来，伴随着畜禽养殖集约化和规模化的推进，由此引起的环境污染问题日益严重，以畜禽养殖企业为代表的规模养殖场废弃物排放已成为中国农业面源污染的最大来源。为缓解污染物排放的社会经济影响，以国务院于2013年底颁布并于2014年初正式实施的《畜禽规模养殖污染防治条例》为代表的，"一揽子"针对畜牧业特别是规模养殖企业的环境规制法律法规，开始连续密集地出台和实施。地方政府在政策的具体执行过程中也不断"层层加码"，使2014年后养殖业环境规制强度达到了顶峰，在达到保护与改善农业生态环境目标的同时，也加速了工商资本在畜牧业的扩张，理论上也可能会对产业链纵向整合的进程产生影响。那么，畜牧业工商资本深化与产业链纵向整合是否会受到养殖业环境规制冲击的影响？可能存在的影响路径是什么？

从既有理论和现实情况来看，纵向整合发展策略的优势是显而易见的：一方面能够让企业获得更多的政府补贴以及成本降低、技术溢出效应；另一方面能够使企业在市场竞争中迅速扩大市场份额、实现规模经济、形成竞争优势等，从而对企业经营绩效产生促进作用。但也应看到，纵向整合作为一种"大而全"的发展模式同样存在一定的弊端，如组织内部成本提高和专业化经济效率下降等，也会对企业经营绩效产生抑制作用。与此同时，农业规模经济的拓展与农业分工经济的深化紧密关联，在实践中，企业纵向整合发展战略往往是在规模化经营的基础上实施的，横向规模扩张与纵向整合深化是并行不悖的规模化策略。然而，鲜有研究将两种维度的企业规模化策略纳入同一理论分析框架，并充分讨论两者对企业经营绩效的影响效应。那么，畜牧企业横向规模扩大和纵向整合深化存在怎样的互动关系？两者又如何影响企业经营绩效？有鉴于此，本书将从规模经济和分工经济的理论视角，厘清畜牧企业经营绩效可持续增长的实现机制。

既有研究虽然对产业链纵向整合进行过大量讨论，但畜禽养殖业受制于生命节律和时令差异、地域分散经营以及活体产品交易等固有特征，生产分工与产品交易具有更为复杂的理论内涵，考虑这些固有特征后的畜牧产业链纵向整合将具有怎样的内在逻辑？在工商资本深化和环境规制约束的多重背景下，回答清楚以下问题将有助于加深对畜牧产业链纵向整合的理解：工商资本深化如何推动畜牧产业链纵向整合？养殖业环境规制冲击如何影响畜牧业工商资本深化与产业链纵向整合？畜牧企业纵向整合模式选择的决策因素是什么？纵向整合深化是否有助于解决畜牧企业横向规模扩张与市场交易成本攀升的矛盾？

　　本书从产业链纵向整合这一主题切入，基于分工和交易成本理论、产业组织理论和新制度经济学相关理论构建经济模型，剖析和理解畜牧企业纵向整合的深化路径、决策因素和绩效。在此基础上，利用微观企业数据库和对龙头企业的实地调研进行实证检验和案例佐证，以期合理回答上述问题。本书对畜牧产业链纵向整合的前因后果和微观机制进行深入研究，既为分析产业链纵向整合问题提供了一个较为完整的研究思路和分析框架，也是在新的背景下和领域内对产业组织和新制度经济学相关理论适用性的再检验，对今后此类相关研究具有一定的借鉴意义。本书的研究结论将有助于理解畜牧企业的纵向整合行为决策，解释企业在规模扩张中面临的"市场规模—交易成本"矛盾，对畜牧企业实现经营绩效可持续提升具有重要的实践价值，同时也能为政府有序引导和促进工商资本进入畜牧业、为我国畜牧产业高质量发展提供思路和政策着力点。

第二节　研究目标、研究假设与研究内容

一、研究目标

　　本书的研究目标是在畜牧业及其关联产业工商资本深化的背景下，从畜牧企业规模化发展过程中表现出来的现实问题入手，通过理论剖析和实证检验，揭示畜牧产业链纵向整合的深化路径、决策因素及其对企业经营

绩效的影响，总结畜牧产业链纵向整合的一般规律，为有序引导和促进工商资本进入畜牧业提供科学的决策依据。本书具体的研究目标如下：

（1）分析外生交易费用在畜牧产业链纵向整合深化中的推动作用，以及内生交易费用的约束机制，揭示工商资本推动畜牧产业链纵向整合的路径。

（2）聚焦养殖业环境规制强度升级对畜牧产业链造成的冲击，揭示环境规制如何对畜牧业工商资本深化与产业链纵向整合产生影响。

（3）关注交易成本在畜牧企业纵向整合模式选择中如何发挥作用，厘清在外生风险冲击下畜牧企业的纵向整合战略调整过程。

（4）揭示畜牧企业横向规模扩张、纵向整合深化与其经营绩效三者之间的互动关系，厘清畜牧企业经营绩效可持续增进的实现路径，加深对规模经济与分工经济互动机制的理解。

二、研究假设

为实现上述目标，本书将从产业链纵向整合视角切入，以分工与交易成本理论为基础，分析纵向整合的深化路径、决策因素及其对畜牧企业经营绩效的影响机制，提出以下研究假设（详细的理论机制分析和假设提炼过程见第三章）。

假设1：工商资本深化通过增加畜牧企业专用性资产投资提高外生交易费用，以及使用资本替代劳动降低内生交易费用，进而促进畜牧产业链纵向整合。

假设2：养殖业环境规制通过产业结构调整效应和生产布局转移效应提高养殖企业资本密集程度和外生交易成本，进而促进畜牧产业链纵向整合。

假设3：畜牧企业纵向整合决策取决于外生交易费用与内生交易费用的权衡，若企业面临较高的外生交易费用和较低的内生交易费用，则会选择纵向整合经营模式。

假设4：畜牧企业横向规模、纵向整合程度均与其经营绩效之间存在倒"U"型关系。

假设5：在适度区间内，畜牧企业横向规模与纵向整合程度相互促进，并对畜牧企业经营绩效产生正向的交互影响。

三、研究内容

基于上述研究假设，确定本书具体的研究内容如下：

（一）中国畜牧产业链发展与纵向整合的特征事实

本部分基于全产业链视角，利用相关统计数据对我国畜牧关联产业发展情况进行全面综合的描述性分析。首先，提炼畜牧产业链上的核心环节和对应企业；其次，分析畜牧产业链核心环节的生产发展、企业产能布局变化和主要畜禽产品消费情况，总结我国畜牧产业链核心环节的发展规律与存在的问题；再次，回顾改革开放以来工商资本进入畜牧关联产业的背景以及纵向整合的历程；最后，以国内上市畜牧企业为样本，测算并分析当前我国畜牧产业链纵向整合程度与变化，提出工商资本深化并推动产业链纵向整合是畜牧关联产业的未来发展趋势。

（二）工商资本深化、交易成本对畜牧产业链纵向整合

本部分探索工商资本深化推动畜牧产业链纵向整合的理论逻辑。基于交易成本和产业组织理论，构建了"工商资本深化—增加专用性资产投资/资本替代劳动—企业资产专用性水平提高/内生交易费用降低—产业链纵向整合深化"的理论分析框架。从产业链整体纵向整合程度和企业纵向整合方向两个方面，讨论畜牧企业纵向边界扩张和产业链纵向整合深化的实现路径，并实证检验工商资本深化对畜牧产业链纵向整合的影响，以及交易成本在其中发挥的中介机制，进而解释畜牧产业链纵向整合的环节差异问题。

（三）环境规制冲击下的畜牧产业链纵向整合

自 2014 年开始，我国养殖业环境规制强度全面升级，对畜牧产业链造成了较大冲击。本部分基于环境规制理论和交易成本理论，构建了"养殖业环境规制政策实施—产业结构调整效应/生产布局转移效应—养殖环节资本密集程度/外生交易费用提高—纵向整合深化"的理论分析框架。探讨环境规制这一外部冲击如何影响畜牧业工商资本深化与产业链纵向整合。

（四）畜牧产业链纵向整合的实践案例

本部分聚焦畜牧企业纵向整合模式选择的决策因素。基于交易成本和契约理论，构建了"交易特性—交易成本—契约选择—外生冲击下的契约不完备性—契约形式演变"的理论分析框架。分析龙头企业进入农业生产环节与农户的契约模式选择以及在外生风险冲击下缔约形式的演变逻辑，并结合实际案例，验证交易成本理论在龙头企业与养殖户之间纵向整合模式选择中的适用性，最后引入不完全契约理论，讨论在非洲猪瘟疫情冲击和环境规制约束下，龙头企业与养殖户之间契约形态产生适应性演变的问题。

（五）畜牧产业链纵向整合与企业经营绩效

本部分在畜牧企业横向规模扩张的基础上考察纵向整合对其经营绩效的影响。基于规模经济和分工经济理论，认为横向规模扩张与纵向分工深化是实现农业规模化的两类相互关联的路径选择，并将这两种维度的规模化发展策略纳入同一理论分析框架，充分讨论两者对畜牧企业经营绩效的影响，厘清畜牧企业在发展壮大过程中经营绩效可持续提升的实现机制。

第三节 研究方法、数据来源与技术路线

一、研究方法

首先，运用文献归纳法，根据经典理论构建整体研究框架；其次，运用实地访谈调研法，选取典型案例进行剖析；最后，运用理论与实证相结合的分析方法，采用定量分析工具，揭示纵向整合的深化路径、决策因素及其对畜牧企业经营绩效的影响效应。以下是各部分内容所对应的研究方法。

内容一：采用描述性统计方法对我国畜牧产业链发展情况进行分析，并测算 2008~2019 年国内上市畜牧企业的纵向整合程度，最后比较分析不同的产业链核心环节及对应的畜牧龙头企业纵向整合规律。

内容二：构建 2008~2019 年国内上市畜牧企业的面板数据模型，选

取合适的工具变量解决内生性问题，分别采用固定效应（FE）模型和两阶段最小二乘法（2SLS）等方法进行参数估计，实证检验工商资本深化对畜牧产业链纵向整合的直接影响，并通过中介效应模型验证企业资产专用性和内生交易费用的作用机制。

内容三：采用描述性分析方法梳理养殖业环保政策的变化趋势，构建2008~2019年国内上市畜牧企业的面板数据模型，以2014年养殖业环境规制政策密集出台实施为"准自然试验"，利用双重差分（DID）方法评估政策实施前后，工商资本在养殖环节的进一步扩张及对畜牧产业链纵向整合的影响效应。

内容四：基于交易成本对畜牧企业纵向整合决策影响的理论模型，根据不同地区畜牧龙头企业访谈调研得到的一手数据，采用典型案例剖析与比较的研究方法，分析畜禽养殖企业与养殖户之间纵向整合模式选择的成因，以及在外生冲击下养殖企业契约形式的适应性演变逻辑。

内容五：根据2008~2019年国内上市畜牧企业的年度财务报表数据，构建动态面板数据模型，采用系统广义矩估计（GMM）等参数估计方法实证分析畜牧企业横向规模扩张与纵向整合深化对其经营绩效的直接影响和交互效应，并根据非参数检验方法——"u-test"验证非线性关系的稳健性。

二、数据来源

本书涉及的数据及其来源如下。

（一）宏观产业数据

本书的描述统计分析数据主要源于历年宏观统计年鉴，如《中国统计年鉴》《中国农村统计年鉴》《中国畜牧兽医统计年鉴》《中国饲料工业年鉴》《全国农产品成本收益资料汇编》等。此外，一些权威网站发布的数据，如中国饲料工业协会网（http：//www.chinafeed.org.cn/）、布瑞克农业数据库（http：//www.agdata.cn/）、各上市畜牧企业官网等，也对本书的数据获取有一定补充。

（二）微观企业数据

本书以畜牧业及其关联产业的微观企业为实证研究对象，主要关注畜牧产业链的产前、产中和产后三个环节以及相应的龙头企业,即产前的饲料加工环节、产中的畜禽养殖环节以及产后的屠宰加工环节,每个环节对应的企业包括饲料加工企业、畜禽养殖企业和屠宰加工企业。考虑到上市企业一般具有较大的行业影响力和市场竞争力,处于产业链的龙头地位,有着较强的意愿和能力采取纵向整合策略,在一定程度上可以代表工商资本的行为决策。因而,进一步将实证研究的样本范围聚焦国内上市畜牧关联企业,这些上市企业主要选自上海与深圳两地的证券交易所,企业所从事的业务范围均以饲料生产加工、畜禽养殖、屠宰及肉类加工、乳品加工为主。此外,依据企业主营业务收入占总收入比重最大的环节对企业所处环节进行划分,细分行业标准参照《国民经济行业分类》(GB/T 4754 - 2011)。畜牧关联产业主要环节分别对应其中的 A03 畜牧业、A0539 畜牧专业及辅助性活动(畜产品生产、初级加工、动物保健等)、C13 农副食品加工业(C132 饲料加工、C135 屠宰及肉类加工)、C14 食品制造业(C144乳制品制造)。最终得到 40 家上市畜牧业关联企业样本,其中,饲料加工企业 11 家,畜禽养殖企业 11 家,屠宰及肉类加工、乳品加工企业 18 家,如附录一所示。由于我国畜牧企业的上市时间大多在 2008 年前后,并且考虑到 2020 年后受新冠疫情影响,企业生产经营受到多种不可抗力的干扰,因此研究时间跨度设定为 2008~2019 年共计 12 个财务年度,所有微观企业数据均来自各上市公司年报以及国泰安中国上市公司财务报表数据库(CSMAR)(https://data.csmar.com/)。

(三)龙头企业访谈调研数据

由于各上市企业年报以及 CSMAR 数据库并未具体到养殖户层面的经营状况,无法系统研究纵向整合在企业与养殖户之间的表现形式。针对这部分的研究,依托江苏省现代农业(生猪)产业技术体系,笔者于 2021 年7 月在江苏省内各畜牧养殖大县组织了针对畜牧企业的田野调查,与当地龙头企业多名负责人进行了面对面访谈,他们对企业整体经营发展情况非常熟悉。同时还对当地政府部门和部分合作养殖户等利益相关者进行了访谈,并保存访谈录音和回收相关问卷,以便从中选取不同类型的典型案例进行剖析。获取的资料包括企业提供的与研究相关的内部文件、现场访谈问卷和访谈录音等,最终形成了 20 份访谈问卷和共计 10 个小时的访谈录音,为本书的案例研究提供了丰富的素材。

三、技术路线

基于以上研究目标和研究内容，本书将按照如图 1-2 所示的技术路线展开研究。

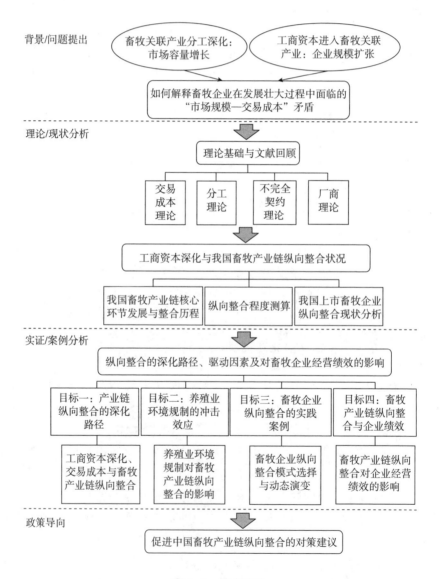

图 1-2 技术路线

第四节 本书的结构安排

根据技术路线图，全书内容共九章，具体结构安排如下：

第一章：绪论。本章从畜牧企业规模化发展中表现出的现实问题入手，基于产业链纵向整合这一研究视角，制定研究技术路线、明晰研究目标、研究内容和研究方法，并介绍研究涉及的数据来源，最后指出本书可能存在的创新与学术价值。

第二章：理论基础与文献综述。本章简要介绍产业链纵向整合的理论基础，并对相关文献进行回顾和简要述评，为构建研究框架和理论分析做铺垫。

第三章：理论框架与研究假设提炼。本章展示本书的研究出发点、逻辑思路与理论框架，在此基础上，构建核心研究内容的理论机制并提出研究假设。

第四章：中国畜牧产业链发展与纵向整合的特征事实。本章梳理和归纳自改革开放以来我国畜牧产业链核心环节的发展规律与纵向整合模式，并测算国内上市畜牧企业纵向整合程度，对畜牧产业链核心环节的发展情况与纵向整合规律进行比较分析，为实证研究提供基本的背景信息。

第五章：工商资本深化、交易成本与畜牧产业链纵向整合。本章基于交易成本和产业组织理论阐释畜牧产业链纵向整合深化的逻辑，实证分析工商资本推动畜牧产业链纵向整合深化的影响效应，并从提高企业外生交易费用和降低内生交易费用两条路径检验作用机制。

第六章：环境规制冲击下的畜牧产业链纵向整合。本章基于对养殖业环保政策变化趋势的梳理，聚焦环境规制的冲击，评估养殖业环境规制政策的密集出台实施对畜牧业工商资本深化与产业链纵向整合的影响效应，并基于交易成本框架探讨可能存在的影响机制。

第七章：畜牧产业链纵向整合的实践案例。本章基于交易成本理论阐释畜牧企业纵向整合模式选择的驱动因素，并选择多个生猪养殖业龙头企业进行案例分析，探讨企业对交易成本的权衡以及由此引发的纵向整合行为。

第八章：畜牧产业链纵向整合与企业经营绩效。本章从规模经济和分工经济的视角，探讨畜牧企业在横向规模扩张的同时纵向整合深化对经营绩效的影响，实证检验三者之间的互动关系，并厘清畜牧企业在规模扩张中经营绩效可持续提升的实现路径。

第九章：促进畜牧产业链纵向整合的对策建议及研究展望。本章根据实地调查情况和研究结论，从中提炼一般性的政策含义，提出四个方面的对策完善纵向整合的配套制度支持，提出研究的不足之处并展望未来研究方向。

第五节　创新与学术价值

本书将分工和交易成本理论的应用空间由外部市场拓展至产业组织内部，提出产业链纵向整合的本质是由市场形式的社会分工向一体化形式的企业组织内分工演进，强化了古典经济学中分工理论的解释能力。并根据交易成本的来源，将企业生产经营过程中面临的交易成本区分为内生和外生，揭示了这两类交易成本如何共同决定企业纵向整合，丰富了交易成本理论在农业企业层面的实践应用。

关于环境规制影响效应评估的文献十分丰富，但鲜有文献关注环境规制对产业链的冲击。本书从交易成本视角出发，阐释了环境规制政策实施对畜牧业工商资本深化与产业链纵向整合的影响，并从环境规制的产业结构调整效应和生产布局的转移效应探讨影响路径，为后续研究提供了新颖的视角。

既有研究普遍关注农业规模经济，但忽视了在农业规模化进程中产生的交易成本，也忽略了农业分工经济与规模经济的协同作用。本书认为，农业并不是一个难以融入分工经济的被动部门，横向规模扩张与纵向分工深化是并行不悖的农业规模化发展策略，并将两者纳入同一理论分析框架，充分讨论其对畜牧企业经营绩效的影响效应，为解决畜牧企业"市场规模—交易成本"矛盾提供了一种新的解释。

第二章
理论基础与文献综述

第一节　理论基础

一、交易成本理论

新古典经济学假设制度是给定不变的，这就隐含了市场交易成本为零这一可能，但是对于企业为何存在以及企业结构和规模边界的决定等问题都无法作出解释。在 1937 年出版的 *The Nature of the Firm* 一书中，科斯（Coase）首次提出了交易成本的概念，将其解释为"利用价格机制的成本"。在 1960 年发表的 *The Problem of Social Cost* 一文中，科斯进一步认为交易成本至少包括三个内容，即发现相对价格的工作、谈判和签约的费用以及其他方面的不利因素或成本。科斯交易成本理论的突出贡献是，首次将其作为一个概念纳入经济分析中，任何市场主体为获得准确的市场信息以及谈判和经常性契约都是需要付出费用的，而承认交易成本的存在较好地诠释了企业存在的原因和决定企业规模的因素。由此可以分析企业与市场的差别与联系，科斯认为企业和市场是两种不同但又可以相互替代的交易制度，不同的制度安排隐含了不同的交易成本，市场交易由价格机制来协调，企业的存在将原属于市场的交易环节"内部化"，从而可以节省交易成本。

虽然科斯首次将交易成本的概念引入经济分析中，但他并未就交易成本的具体内容和形式做量化研究。此后，威廉姆森(Williamson)对交易成本的决定因素、性质和如何衡量等方面进行了具体的研究，由此开启了新制度经济学的交易成本分析范式。威廉姆森将交易成本比喻为"经济系统运转所要付出的代价或费用"，如同物理学中的"摩擦力"概念，是运用经济制度过程中因制度摩擦而导致的成本，从而将研究领域扩展到所有的市场经济组织以及各种产业组织中不同形态的交易关系中。对于交易成本的产生和具体内容，威廉姆森(1990)认为，为使市场交易活动能够有效地进行，就必然要产生一系列费用：一是交易双方为签署合同而进行的起草和谈判等各项往来活动中发生的费用；二是合同签订过程中双方还可能根据不同的情况对合同条款进行修改和补充，以便使契约更加完备从而付出的费用；三是在协议维护和执行过程中发生的，为确保合同执行而进行的承诺和保证费用。这三个方面的费用构成了交易成本的主要内容。而关于交易成本的计算和衡量问题，威廉姆森认为虽然交易成本在数量上通常很难量化，但通过合同之间差异程度的比较，考察各种组织关系(契约形式、管理结构等)与交易成本是否具有某种联系，从而降低交易成本计量上的困难。

交易成本理论为本书提供了一个解释企业纵向整合决策动机的有力工具。按照科斯的观点，企业本身就是一种可以节约交易费用的制度模式，即张五常(2017)所认为的用要素市场代替产品市场，其根本动机就是节约复杂的市场交易环节所导致的高昂的交易成本。威廉姆森的交易成本理论则在企业制度的基础上解释了一体化的形成，当企业涉及的合约交易通过市场协调的成本大于企业内部协调的成本时，市场交易内部化的整合行为就会发生。其中，资产专用性在交易中发挥着重要作用，当契约关系的专用性投资变得极为重要时，一体化生产替代市场交易就是一种合理的制度安排，即用要素契约方式代替商品契约方式(靳涛，2003)。

二、分工理论

为解释规模报酬增长与规模经济来源，古典经济学提出了分工理论。1776年，亚当·斯密在《国富论》一书中从提高劳动熟练程度、减少工种转换时间与促进技术发明的角度，论述了分工对劳动生产率的正效应。斯密在看到劳动分工的财富增长效应的同时，也发现了劳动分工进一步深化与发展所面临的约束条件——市场规模，并提出了著名的"劳动分工受市场容量所限"命题（Smith Theorem）。随后在此基础上，Young（1928）发现分工与市场容量相互决定的这一关系，即"产业的不断分工和专业化是报酬递增得以实现的一个基本过程……报酬递增取决于劳动分工的发展……劳动分工取决于市场规模，而市场规模又取决于劳动分工"（Young Theorem）。其重要贡献在于，阐明了企业生产数量决定市场规模、市场规模又决定分工、分工又进一步决定产量，由此发现了分工与市场容量的相互性，从而将企业内分工与市场分工的相互作用联系起来。所以分工不仅取决于市场容量的大小，由分工引发的专业化生产环节的多少也会影响分工。新古典经济学认为，分工和专业化的增进能够解释经济发展绩效，分工经济是规模报酬递增和经济增长的动因，产业组织内部分工深化同样也是企业规模报酬递增得以实现的根本原因。

此外，马克思在《资本论》中也用了较大篇幅论述分工理论，按照马克思的观点，"分工是商品生产存在的条件"，即社会分工和私有制形成后才会出现商品生产与交换，与此同时，商品生产与交换又反过来促进社会分工的深化，这一点与斯密的社会分工理论有着相似之处（于秋华，2007）。但马克思同时也指出了斯密的分工理论将工场内部分工和社会分工混淆的不足之处，并清晰界定了两者在本质上的区别，详细论证了企业内分工与社会分工之间的辩证关系（缪匡华，2005）。一方面，马克思认为两者的关系是相互影响、相互作用的："因为商品生产和流通是资本主义生产方式的前提，所以工场手工业分工要求社会内部分工达到一定的发展程度。相反地，工场手工业分工又会发生反作用，发展并增加社会分工。"另一方面，他认为两者尽管有很多相似点和联系，但具有本质上的区别："工场分工以生产资料集聚在一个资本家手中为前提，资本家对劳动力有着绝对权威，劳动力只是资本家所占有的总机构的部分……而社会分工则以生产资料分散在许多互不依赖的商品生产者中间为前提，独立的商品生产者之间互相对立，只承认市场竞争的权威，不承认任何别的权威。"虽然斯密和马克思的分工理论不尽相同，但他们在分工和商品经济发展的趋势上是拥有共识的，工场手工业分工将是历史趋势。

古典分工理论以同质化市场为分析背景，阐明了分工与市场容量的关系，但斯密和马克思关于分工理论的共识在很大程度上都基于英国的工业化经验，其在农业领域一直未能得到相应的发展。显然，农业生产受制于生命节律、地域分散经营等固有特征，其分工与交易具有更为复杂的理论内涵。由于农业资源的专用性与交易不确定性都很强，农业资源产权被管制程度和农业契约不完备性都是交易成本产生的来源（何一鸣等，2020），农业分工的深化必然伴随着市场交易规模的扩张及交易成本的大幅增加，这将在某种程度上减损农业分工深化带来的经济效率的提升。虽然农业分工深化能够带来专业化经济效益，但也会增加农业产业链各环节的交易成本。可见，马克思的工场分工与社会分工之间的关系类似于科斯的企业与市场这两种不同的组织安排形式（任劭婷，2016）。

此外，分工理论只是探讨了生产成本下降的分工效应以及规模报酬递增的来源。事实上，在社会化分工结构演进的过程中，必然会产生市场交易成本。虽然企业通过权威命令配置资源能够节约市场中的交易成本，但随着企业组织规模的扩张，企业内上下级科层间的委托代理链条会不断地拉长，从而导致命令传递的信息成本大幅提高，一旦企业内部成本超过市场交易成本，企业组织内分工持续深化效率就会降低。因此，无论是社会分工还是企业组织内分工均会产生阻碍分工深化效率的交易成本。

三、不完全契约理论

新制度经济学理论框架中定义所有的商品或劳务交易都是一种契约关系（Coase，1998）。相较于完全市场交易，在契约交易中，缔约双方能够通过协商达成合约，界定交易中双方权责，明确收益分配，减少交易协商成本，规避"道德风险"，进而保障交易的长期稳定性。张五常（2017）将契约类型划分为商品契约和要素契约，企业的出现可以理解为用要素市场代替产品市场，或者是用要素契约方式代替商品契约方式，契约类型决定资源（剩余）权属（刘源等，2019）。无论是商品契约还是要素契约，一个完备的契约框架应当完全包括双方在未来预期的事件发生时所有的权利和义务。科斯定理表明，在交易费用为零的世界里，任何契约安排形式均对资源配置效率不产生影响。但在交易费用为正的世界里，缔约各方的有限理性以及机会主义倾向，导致现实中契约总是不完备的，人们会根据不同的情境选择不同的契约安排来减少交易费用，以实现资源的有效配置（杨瑞龙、聂辉华，2006）。对此，Coase（1937）指出："由于预测的困难，关于商品或劳务供给的契约期限越长，那么对于买方来说，明确规定对方该干什么就越不可能，也越不合适"。其中提及的"预测的困难"包括：当事人由于某种程度的有限理性，不可能预见到所有的或然状态；即使当事人可以预见，但以一种双方没有争议的语言写入契约也很困难或成本太高；抑或关于契约的重要信息对双方是可观察的，但对第三方是不可证实的。因此缔约后双方不可避免地会出现拒绝合作、失调、成本高昂的再谈判等危及契约关系的情况。那么，契约的缔结形式以及维持契约的关系治理就显得尤为重要。

本书将借鉴这一理论分析农业企业的契约选择与演变过程。在市场风险大、交易复杂程度高的农业产业中，农业生产与农产品交易过程具有天然的"预测的困难"，农业契约具有内在的履约障碍（邓宏图、米献炜，2002）。因而契约不完全导致的履约效率降低成为产生交易费用的重要原因，如何降低交易成本是企业契约选择的动因（陈超、徐磊，2020）。由此可见，不完全契约理论可以应用于农业契约选择与演变的过程，同时，因契约不完备性而带来的交易成本增加也在某种程度上解释了龙头企业纵向边界扩张的现实约束。

四、厂商理论

厂商（企业）理论属于产业组织理论的研究范畴，可以划分为新古典经济学厂商理论和新制度经济学厂商理论。

（一）新古典经济学厂商理论

新古典经济学隐含着企业独立于市场的假设，厂商是在社会分工的基础上，各特定行业内在一定技术条件下的生产要素组合的最小单元，一定的生产力水平决定了一定的厂商形式和规模（刘传江、李雪，2001）。新古典微观经济学常用最优决策问题的数学处理方法研究厂商的经济行为，在"新古典利润最大化厂商模型"中，厂商或企业被描绘成一组生产函数，在"完全理性的经济人"和"效用最大化"等一系列严苛的假定条件下，厂商总是在既定投入和技术水平下，追求产量最大化或成本最小化，其生产决策的基本原则是"边际成本等于边际收益"。从这一点来看，新古典经济学中的厂商理论实质上并不是企业理论，而是在厂商事先存在的条件下，关于其作为生产单元的最优决策理论。这一理论研究不同生产要素的最优组合和在给定资源时产品产量的最优组合，但是对企业的产生及其利润最大化行为更深层次的制度原因没有进一步说明，更没能提出企业边界和内部组织的相关理论，从而导致"企业"在新古典经济学中是作为一个"黑箱"而存在的（杨小凯，1994）。

(二) 新制度经济学厂商理论

20 世纪 30 年代，科斯在《企业的性质》一文中对企业有了实质性的认识："企业最显著的标志是，它是价格机制的替代物。"他认为厂商是一种资源配置机制，其组织边界的扩张是科层组织对市场交易的取代，通过内部调节资源的方式能节约交易费用，但厂商内部也有诸如监督成本、代理成本、官僚主义成本等形式的交易费用（宋宇，2010）。这意味着企业必须具有内部组织协调生产的能力，且较市场价格机制协调指挥生产具有更多的节约交易费用的能力，这样才能有力地阐释企业制度产生的根源。对于企业制度的进一步阐释，Commons（1934）的企业性质理论较为经典，他将企业本质一分为二。首先，从"人—物"关系出发，认为企业作为利用资源的协同组织，将分散的资源集结并向市场提供农产品，体现其生产决策属性；其次，从"人—人"关系出发，认为企业是利用"权威"代替市场价格机制，并对企业各种生产要素所有者进行协调的组织，体现其交易选择属性。这意味着企业可以将包括组织管理在内的一些交易费用极高的活动卷入分工，但同时可以避免这类活动的直接定价和直接交易（杨小凯，1994）。此后，张五常使新制度经济学厂商理论得到了重要发展，强调企业制度的产生并不是用非市场方式代替市场方式来组织分工的，而是用劳动市场方式代替中间品市场的方式来组织分工的。当企业用劳力市场方式代替中间品市场方式时，劳力市场上的外部效果会代替中间品市场上的外部效果（Cheung，1983）。因此，只有当中间品的交易费用高于用来生产此种中间品的劳力交易费用时，才会产生企业制度。

与新古典经济学厂商理论相比，新制度经济学厂商理论认识到了作为古典模型中外生变量的制度、契约和组织的存在，以及它们对现实经济的重要影响，并深入研究了企业组织和交易费用，充分解释了企业制度的产生及其产业组织边界的决定问题（徐传谌、刘凌波，2007）。本书将新制度经济学厂商理论应用到农业企业的纵向整合行为，试图解释产生农业产业链纵向整合的根源，并结合农业资本深化这一要素禀赋变化的特定环境，探讨了农业产业链纵向整合的深化逻辑。

第二节　核心概念界定

一、企业外生交易费用和内生交易费用

农业生产经营过程中的交易费用主要在企业生产管理和农产品市场交易中产生。根据杨小凯和黄有光（1999）的研究，企业面临的交易费用可以划分为外生交易费用与内生交易费用。其中，企业外生交易费用即传统的市场交易成本，是指企业在产品市场上为达成交易而付出的费用，资产专用性是其中一个重要的衡量维度；而内生交易费用指企业在要素市场雇用劳动力在其内部生产中间品引发的交易、组织和管理成本。根据对交易费用的划分，企业制度或产业组织的出现可以理解为，随着外生交易费用提高，市场结构由市场形式的社会分工向一体化形式的组织内分工演进，用要素市场的交易费用替代产品市场的交易费用。市场分工深化带来外生交易费用提高、内生交易费用降低，产业组织内分工深化则带来内生交易费用提高、外生交易费用降低，因而内生交易费用是企业纵向整合面临的重要约束。

二、环境规制

为实现环境和经济协调发展的目标，政府制定了相关的政策与措施对生产者的经营活动进行调节，改善由环境污染引起的外部不经济性。因此，环境规制是以环境保护为目的、以个体或组织为对象、以有形制度或无形意识为存在形式的一种政府约束性力量（赵玉民等，2009）。其类型包括正式环境规制与非正式环境规制，也有学者称其为显性环境规制与隐性环境规制（原毅军、谢荣辉，2014）。传统意义上的环境规制一般是指正式的环境规制，主要包括行政法规、经济手段以及市场机制等，这类的环境规制主要由政府制定和实施，通过强制命令与经济激励两种手段对企

业的生产行为进行直接或者间接的控制和干预，进而达到保护环境的目的。环境规制会引起企业遵从政府各种制度与管制措施所耗费的成本，即产生制度性交易成本。目前我国养殖业环境规制政策一般为正式形式，主要包括两类：一类是以政府强制约束和惩罚性措施为主的命令型环保政策，另一类是以经济激励和专项奖补形式为主的激励型环保政策。两类环保政策相辅相成，构成了"一揽子"针对养殖业的环境规制政策。

三、农业产业链纵向整合

农业产业链纵向整合通常是指在某个环节龙头企业的主导下，通过资本注入、股权置换、兼并重组等方式，将农产品生产流通过程中的各个核心环节整合成统一协调的整体，从而基于内部分工与合作获得规模效益和协同效应（廖祖君、郭晓鸣，2015）。纵向整合不仅包括所有权归属于某一主体的纵向一体化，还包括其他不完全的整合形式，如产业链经营主体之间的正式契约关系等（管曦，2012）。产业链纵向整合源于企业纵向整合行为，根据企业纵向整合方向，可以将产业链纵向整合分为前向整合和后向整合。其中，前向整合是指企业向其下游环节整合，如饲料加工企业向畜禽养殖、屠宰加工环节整合；后向整合是指企业向其上游环节整合，如屠宰加工企业向畜禽养殖、饲料加工环节整合（叶云等，2015）。

（一）企业前向整合

畜禽养殖企业不仅局限于在养殖环节的发展，还通常将业务扩展到其下游的屠宰加工和销售环节，因而在屠宰加工和销售环节拥有一定程度的控制权。畜牧企业向产业链的下游发展，将产、供、销纳入经营范围。一方面，可以根据市场需求扩大养殖规模，降低企业的收购成本，同时获得屠宰加工业、物流业、销售业的利润；另一方面，屠宰加工企业向市场输送大批量畜禽产品时，对市场剩余产品进行回收，这样市场销售在面对市场需求的变动时，就可以迅速有效应对，从而降低企业在市场销售上面临的风险。

（二）企业后向整合

在现实中，屠宰加工企业通常向其上游的畜禽养殖环节拓展业务，使生产所需的畜禽活体来源有了可靠保障，提高了畜禽加工品品质，同时减少了畜禽原材料的采购成本，获得产业链上游环节的利润；畜禽养殖企业通常进入其上游的饲料加工和良种繁育环节，企业自己生产加工饲料和育种繁殖，而不是在产品市场上向其他独立的饲料厂商和种苗厂购买，保证了企业在饲料加工和良种繁育环节拥有一定的控制权。

四、规模经济和分工经济

规模经济的特征是随着企业横向规模的扩大，单位生产成本降低，但同时会带来市场交易成本提高，其理论逻辑来源于新古典经济学；而分工经济着眼于在降低生产成本的同时更加重视报酬递增和经济增长的持续性，其理论逻辑源于古典经济学（Yang and Borland，1991）。古典经济学认为，规模经济内生于分工经济之中，但须在社会分工体系或者经济网络已经形成的前提下（Young，1928）。企业规模经济事实上只是在社会分工体系既定的条件下单个企业规模扩大带来的经济节约，而内部经济扩大的只是单个企业规模，不能改变既定分工网络模式的构成。因而规模经济可能伴随在经济增长和发展的过程之中，但不是经济增长与发展的根源，分工水平的高低才是经济持续增长的决定力量。可见，规模经济拓展与分工经济深化紧密关联（张露、罗必良，2021）。在与分工经济相关的文献中，产业组织与企业理论主要关注纵向分工，纵向整合可以视为企业组织内部分工的深化，在降低企业外生交易费用的同时会产生内生交易费用。

第三节　国内外研究动态

一、农业工商资本深化的研究

农业资本深化始终伴随着农业发展的整个过程，学者基本承认农业资本化在农业发展中的重要作用，认为资本深化是现代农业发展的先决条件（周端明，2014）。罗浩轩（2013）、侯明利（2020）认为，在市场因素和非市场因素的双重作用下，我国农业劳动力大量减少，农业资本快速增长，以人均资本拥有量衡量的资本劳动力配比逐年上升，反映出我国农业正在经历劳动集约和资本深化的进程。李谷成（2015）通过计算我国历年省级农业资本存量发现，改革开放以来，我国农业资本积累较为迅速，但普遍的大规模的资本深化进程主要发生在 20 世纪 90 年代中期以后。这一进程伴随着农业投资主体结构的重大变化，改革开放以前，农业投资的主体为政府、农户或集体；改革开放以后，农户自身的农业资本积累以及政府的财政支农投入难以大幅增长，因此，政府开始大量引导工商资本进入农业（杨鹏程、周应恒，2016），农业投资主体演变为现阶段的政府、农户和工商资本等多元化格局（韩东林，2007）。其中，政府对农业的投入持续增加，但是总量仍然有限，而农户本身的农业资本积累能力欠缺，且"非农化"投资和资本外流现象比较严重（夏胜，2018），工商（社会）资本对农业的投入可以替代农户的直接投资行为，从而在很大程度上决定了农业资本的整体深化程度（胡新艳等，2020）。易福金等（2022）将我国农业工商资本深化进程分为三个主要阶段：第一阶段为 1987～1994 年，整体规模非常有限；第二个阶段为 1995～2007 年，规模由 1500 亿增长至 4900 亿，年均增长率为 10.5%；第三阶段为 2008～2014 年，呈现爆发式增长，规模由 5900 亿元增长到 31000 亿元，年增长率为 31.78%。三个阶段下工商资本对农业经济增长的贡献率分别为 9%、13% 和 57%，当前工商资本深化对农业增长的作用明显增强，积极引导工商资本进入已成为农业发展的重要趋势。

在当前政策红利和经济利益的驱使下，越来越多的工商资本开始下乡进行农业生产投资，逐渐形成了一股"工商资本下乡热"（曹俊杰，2017）。关于工商资本进入农业的动因，既有研究从多方面进行了深入剖析（罗浩轩，2018），主要观点可分为四个方面：第一，政策的激励。近年来，国家持续加大对农业的支持力度，出台了一系列强农惠农政策，如积极推进土地流转、支持新型经营主体开展适度规模经营以及税收优惠等政策，由此产生的制度红利是吸引工商资本进入农业的重要原因（吕军书、张鹏，2014）。第二，资本对稀缺的土地资源的占有欲。土地属于稀缺资源，其独占性、不可再生性导致土地的价格易涨难跌，随着农村土地开发利用价值的不断提升，工商资本介入农村土地流转可以低价获取大量的稀缺资源，借此获取巨大利益（刘平青，2004）。第三，农业价值链的拓展提高了农业资本回报率。我国现代农业体系的建立拓展了农业功能形态和产业链条，涉农企业可以突破传统上单个品种养殖行业或生产环节，发展成为产加销、贸工农融合发展的大农业，农产品附加值提升，资本回报率较高，对工商资本的吸引力更强（吕亚荣、王春超，2012；王晓露，2019）。消费市场同样也刺激着资本进入农业，涂圣伟（2019）认为绿色农业、设施农业、休闲农业、农业服务业等高附加值产业的快速发展，拓宽了农业资本的利润空间，将成为吸引工商资本进入的重要领域。第四，农村劳动力转移优化了农业生产要素比例。我国农业劳动力持续大规模向第二、第三产业转移，土地的人口承载压力下降，农村中人和地的关系趋于缓和，土地流转和规模化经营空间增加，有利于提高农业生产率（涂圣伟，2014）；同时，农业劳动力供给的减少推动了农业劳动成本上升，致使农业生产朝节约劳动的趋势发展，资本对劳动力的替代性增强，推动了农业资本深化（蔡昉，2008）。

现阶段工商资本下乡大致可分为直接渠道和间接渠道两类，直接渠道即工商资本通过农地流转、农地托管等形式直接参与农业生产环节，成为农业生产经营的主体，这一渠道对农业生产环节的控制权较强；间接渠道即工商资本通过为农户提供农资和产品销售、机械化服务等进入农业服务环节，成为农业生产服务主体，这一渠道对农业生产环节的控制权较弱（江光辉、胡浩，2021）。在实践中，逐利的大规模资本农业与农户经营并非不相容，两者完全可以有效地进行合作，企业根据治理对象的特征，以"组织带动"农户的形式具有多样性和灵活性，既可以是企业型，也可以是市场型（胡新艳等，2021）。因此，工商资本下乡应该进入何种农业领域，以何种方式进入，并不存在绝对的结论，只有选择合适的渠道进入适宜的环节才能发挥真正的作用。

二、企业交易成本及其影响因素的研究

（一）企业交易成本与组织边界

企业是生产成本和交易成本的统一，研究企业的组织边界问题，就是要在企业和市场这两种治理结构间寻找一种合理的结合方式（彭真善、宋德勇，2006）。对于企业制度和产业组织的产生，交易成本理论给出的解

释是，企业和市场是两种不同但又可以相互替代的交易制度。不同的制度安排隐含不同的成本，对于成本最小化的企业而言，其纵向边界取决于企业替代市场所节约的交易成本以及由此产生的内部生产成本之间的权衡，即当内部生产成本低于市场交易成本时，企业边界扩大；反之，企业边界缩小（Coase，1937）。因而企业可以通过与其他市场主体缔结契约的方式灵活地扩大或缩小其纵向边界（张五常，2017），随着企业与外部市场缔约的性质和形式发生变化，内部生产成本与外部交易成本之间存在此消彼长的关系（Williamson，1971）。进一步地，Williamson（1979）指出市场交易成本的大小取决于资产专用性、交易频率和不确定性三个因素，并借助一个特定企业的原材料获取方式决策模型，综合考察了交易成本的三个维度对企业契约类型、治理结构选择及企业纵向边界的影响，发现企业内部生产总是高于市场购买同一产品的稳态成本，导致企业治理在生产成本的问题上总是处于劣势，但是完全依赖市场治理又会出现搜寻成本增加、履约困难等其他问题，导致交易成本也额外增加，因而企业治理对于市场治理的替代其根本原因不是节约生产成本，而是出于节约交易成本的考虑。

在农业产业化进程中，农业生产的不确定性致使农产品交易成本的表现尤为突出，各种一体化组织形式的产生目的也都是降低产业链各环节之间的交易成本，保证交易的持续和稳定（蔡荣、祁春节，2007）。胡定寰（1997）认为，农产品从生产资料的初级形态到生产加工再到流通销售，最后以最终形态流向消费者的这一过程，既可以由社会分工的方式完成，也可以通过农业企业以产业化的方式完成，在这两种可以替代的经营方式中进行选择，其标准仍然是交易成本。王亚飞和唐爽（2013）认为，农业产业化发展虽然能促进分工收益增加，但也会增加产业链各环节的交易成本，因而降低交易成本的制度安排对于增加农业产业链稳定性、提高产业链纵向分工效率显得尤为重要。赵鲲和肖卫东（2020）针对农业龙头企业的研究认为，农业产业化经营组织的形成及其最优组织边界的确定常常决定于其所面临的市场交易成本，农业经营主体在进行任何组织边界扩张或制定压缩的战略决策时，总是权衡组织内部边际生产成本与市场边际交易成本或边际收益之间的关系，两种成本此消彼长最终一定会出现一个均衡点。即当组织内增加一单位生产成本等于在市场中减少一单位交易成本时，产业组织的边界就确定下来并逐渐趋于平衡（何一鸣等，2014）。

（二）企业交易成本的影响因素

威廉姆森从交易市场环境因素、与特定交易有关的因素和人为因素三个方面，间接地考察了对交易费用的影响因素。交易市场环境因素即市场结构；与特定交易有关的因素包括资产专用性、不确定性和交易频率；人为因素包括有限理性和机会主义，从而衡量了微观主体在市场活动中交易成本的变化。其中，与特定交易有关的三个维度是最重要的且在经济分析中可量化的决定因素（袁庆明、刘洋，2004）。在实践中，其他因素本质上都是通过上述几个方面来影响交易成本的。牛晓帆（2004）认为，交易成本内生于交易者的行为属性，要进一步考察交易成本产生变化的原因，需要了解行业结构、交易双方资源禀赋和行为特征，于是交易成本的研究对象就从宏观层面的产业结构转向了微观层面的厂商行为。例如，史耀波等（2012）从企业生产技术创新的资产专用性出发，研究了企业生产技术创新与外部治理的匹配问题，认为当企业生产技术创新与外部治理不匹配时会提高市场交易成本。吴海民（2013）分析了以"政企关系"、"银企关系"和"渠道关系"为代表的企业外部市场环境对交易成本的影响，认为企业市场关系被人为扭曲或异化后明显影响了其经营活动，从而影响了企业交易成本。石大千等（2020）的研究表明，信息化建设带来企业信息搜寻成本降低，能够有效降低交易不确定性和交易频率，从而降低交易成本。既有研究将市场交易成本内生于交易主体，侧重分析微观主体的禀赋和行为属性对市场交易成本的影响，因而企业交易成本的高低受到交易活动中复杂程度和不确定性的影响，这为本书的研究奠定了经验基础。

三、农业企业契约选择与治理的研究

（一）农业企业契约选择与形式演变

大量研究指出，受农业产业固有特性（劳动时间的季节性、空间地域的广阔性与生产过程的非标准化）的影响，企业若以工业生产的方式来组织农业规模化经营，容易产生经典的监督激励问题，农业企业的契约模式的选择关键在于：建立起兼顾农户受益和企业保持竞争力的激励相容的合约关系（牛若峰，2000）。中国各类农业契约模式均以小农户为核心，以龙头企业和合作社为重要载体，其中，龙头企业带动型一体化模式可以分为两大类：一类是以"公司+农户"为代表的商品契约模式，另一类是以雇佣关系为代表的要素契约模式（郭晓鸣等，2007）。商品契约是指由农业企业以生产原材料的农产品为契约标的物，与农户预先签订农产品生产购销远期契约；要素契约是指农业企业付出租金取得农户土地的使用权，或是雇用农户为其工作并付出相应的薪酬，与农户就土地要素或劳动力要素签订契约（周立群、曹利群，2002）。这两种契约经营方式广泛存在于各类畜禽养殖环节。如温氏等龙头养殖企业通常采取"公司+农户"这一商品契约模式，充分利用养殖户自有的基础设施和劳动力，不仅可以促进当地农户就业增收和产业快速发展，还能降低固定资产投入和劳动力成本，以轻资产、低成本的方式实现规模快速扩张（傅晨，2000）。以牧原为代表的龙头养殖企业则采取重资产的要素契约模式，根据自身实力自建养殖场，雇用农户进行种苗繁育和育肥出栏等全部生产过程。通过养殖自动化、安全可追溯的全产业链生产，不仅可产生规模效益、减少交易环节和养殖成本，还可实现对产品品质的保障，进而提高畜禽产品的质量和生产效率（刘越、肖红波，2020）。

在现实中，农业契约的履约效率更容易受到环境变化带来的不确定性影响（郑晓书、王芳，2021），一些地区的龙头企业在具体契约形式上已经发生了各式各样的变化，当仅仅用简单的要素契约和商品契约已不能描述龙头企业在面临外生冲击时，在完全市场交易和完全一体化之间的契约类型中选择。因而农业契约的内涵与形式变迁也引起了相关学者的广泛关注。随着外部不确定性的增加，契约方会出现机会主义倾向，通过寻求各种策略，如"敲竹杠效应"来谋取利益，从而降低履约效率。基于控制风险、提高契约绩效和稳定性等目的，专用性投资则可以成为契约方的一种锁定手段来约束契约（Lohtia et al.，1994；Wang et al.，2021），因而龙头企业逐渐由商品契约（市场治理）向一体化程度更高的契约形式（企业治理）过渡（邓宏图、王巍，2015；戚振宇、李新光，2019）。随着资产专用性和不确定性程度的提高，契约治理结构一般沿着"商品契约（市场治理）—中间型契约/混合形式（过渡性）—要素契约（企业治理）"的路径演进（马彦丽等，2018）。也有研究考察了"龙头企业+农户"的模式向关系更为紧密的"龙头企业+第三方+农户"的模式演变的历史、现实和制度成因（周立群、邓宏图，2004），认为产业组织模式的演变过程是一个连续的谱系，龙头企业内部既可能嵌入过渡性的契约关系，也可能以不同的契约形式混合共存（吴本健等，2017）。

（二）农业契约关系治理

在现实中，农业企业与农户间具有交易主体地位不对等、交易不确定性和资产专用性等特征（万俊毅等，2009），缔约后双方不可避免地会出现合作失调、成本高昂的再谈判等危及契约关系的情况，仅靠正式契约难以有效地提高履约效率（Baker et al.，2002）。这种情况下，契约的缔结形式以及维持契约的关系治理就显得尤为重要。特别是在市场风险大、交易复杂程度高的农业产业中，农产品生产与交易过程具有天然的"预测的困难"，契约具有内在的履约障碍。与规范正式合同和纵向合并手段相比，诸如信任（Ganesan，1994）、声誉机制（Heide，1994）、互惠激励（Doney and Cannon，1997)和赋予合同执行的灵活性等非正式治理手段能更有效率并以更低的成本促进契约关系的顺利进行。这些非正式治理机制即契约关系治理，是保障关系契约顺利进行的必要治理手段，在不完全契约应对外部环境变化时具有自我履行的特征（Poppo and Zenger，2002）。Kreps 和 Wilson(1982)的声誉模型证明了在不完全信息动态博弈中，即使是有限次的重复博弈，关系治理行为也会频繁出现。因而在高风险的农业生产和农产品交易过程中，正式契约与关系治理交互作用，能够有效约束机会主义行为（Carson et al.，2006）。例如，钱忠好（2000）案例分析认为，农业龙头企业产业化模式的成功因素包括通过合同等正式规则（合约治理）以及相互信任、习惯等非正式规则（关系治理）的作用。类似地，万俊毅（2008)认为，农业生产交易过程中存在各种风险，尽管企业与农户签订正式合约有助于降低交易不确定性，但合约的不完备性往往致使合约执行成本高昂，同样无法有效降低缔约双方交易成本。而建立在长期交易基础上的经验、声誉和信任等灵活的关系治理方式可以有效地降低交易成本。如在契约结构中嵌入第三方组织作为利益联结纽带，起到对正式契约的补充作用（宋茂华，2013）。上述结论为本书的案例研究提供了理论支撑。

四、企业纵向整合的研究

（一）企业纵向整合行为及动因

从产业角度考察"纵向整合"，应理解为广义的"一体化"，属于产业组织理论的研究范畴（刘洋，2002），包括公司层面的控股或并购（芮明杰、刘明宇，2006）。产业链纵向整合一般由市场实力较强或在产业链中具有主导地位的龙头企业发起，通过一定的方式控制产业链其他环节中的若干生产经营单位，将上下游企业间交易内化为龙头企业内部的生产和管理活动（张利庠，2007）。在企业理论和公司财务实践中也称为并购重组，具体方式可分为纵向并购、横向并购和混合并购三种（李青原，2011a），其中，企业之间的纵向并购属于纵向整合行为之一。中国农业产业链整合实践的活跃，使国内有关农业产业链整合的研究也颇为丰富。廖祖君和郭晓鸣（2015）的研究指出，农业产业链整合可以看成将农产品产前、产中、产后的加工、流通、销售等环节整合为畅通、统一、协调的整体，从而获得协同效应和规模效应。王桂霞（2005）分析了肉牛产业链主要环节的联结方式与内在机制，认为大型屠宰加工企业居于产业链核心地位，在肉牛产业链整合中发挥着关键作用。张利庠（2007）通过对中国饲料行业市场的研究认为，产业链中龙头企业支配资源配置，将市场交易内部化，可以节省交易费用，在以企业为核心整合产业链时，产业环境和企业资源起到了双向联动优化的作用。张喜才和张利庠（2010）对中国生猪产业链整合的研究认为，产业链中市场结构的行业集中度越高的环节，越容易支配和操纵市场，成为产业链整合的主导者。张学会和王礼力（2014）研究了种植业合作社在农业产业链中的纵向整合规律，认为合作社的纵向整合水平整体不高，且产中一体化水平高于产前、产后环节。

关于产业链整合的动因，既有研究主要形成了以 Williamson（1975）等为代表的交易费用经济理论，以及 Grossman 和 Hart（1986）、Hart 和 Moore（1990）等发展的产权理论两种观点。其中，交易费用理论认为影响一体化经营的主要是企业资产专用性、交易复杂度和外部经营环境不确定性这三个方面的因素（Frank and Henderson，1992；战相岑等，2021）。Klein 等（1978）认为，在一项专用性资产投资后就产生了准租，当资产专用性生较多的可挤占性准租时，就会产生机会主义行为。而缔结契约是抑制机会主义行为产生的方式之一，当缔约成本进一步超过企业组织内部生产成本时，纵向一体化组织就会产生。孙玮和王满（2019）认为市场需求不确定性带来的冲击可以通过纵向整合化解，企业前向整合有助于帮助其实现资源优化配置，后向整合有利于帮助其去库存、实现业务分流。曾楚宏和朱仁宏（2014）认为外部生产技术创新活动通过改变企业的能力结构和交易费用水平而最终会影响企业的边界变动，不同的生产技术创新模式对企业纵向边界变动存在差异性影响（赵建华，2013）。而产权理论从产权和激励的角度重新审视一体化的成本和收益（Hart，1995），认为企业资源禀赋异质性及其带来的控制能力是其一体化经营的动机，强调不同的契约实施强度对一体化程度的影响（Acemoglu et al.，2009）。徐斌（2012）认为企业的纵向整合选择基于两种效应的比较：一是来自专业化生产的规模经济效应，二是来自多元化生产的范围经济效应。卢闯等（2013）以 A 股上市公司为样本，证明了市场环境显著影响了企业的一体化程度，且因企业产权性质的不同而表现出明显的异质性。在农业生产实践中，产权及相应的契约安排形式同样会影响农业分工深化与规模经营（胡新艳等，2016；罗必良等，2019）。高延雷等（2018）通过测算种植业产业链及其不同环节企业的纵向整合度，发现企业制度环境和产权性质对种植业产业链的纵向整合均有显著影响，且因产业链环节的不同而存在异质性。

虽然交易费用和产权理论都强调契约的不完备性和事后机会主义行为对事前关系专用性投资和事后绩效的影响，并且以有限理性和机会主义为共同基础解释了企业纵向整合的动因，但仍存在一些差异。前者认为契约的不完备性导致的交易费用主要源于事后的失调，纵向整合则是规避事后潜在机会主义问题的一种工具，且随着资产专用性提高及其引起的寻租成本增加，纵向整合程度将会随之增加；相反，后者认为契约的不完备性导致的交易成本主要源于事前专用性投资激励不足，因此更强调纵向整合对事前投资激励的成本与收益（Joskow，2005）。

（二）企业纵向整合的测度

纵向整合程度的科学度量成为影响研究结果的关键因素之一（Vannoni，2002；Lafontaine and Slade，2007）。Adelman（1955）认为企业纵向整合程度的测量方法应该满足两个标准：一是具备经济学理论基础，二是具有微观企业层面可获得性。可见，对纵向整合程度的有效测量有助于提高经验研究结果的公信力，从而推进纵向整合行为的理论演进。因此，本部分专门梳理了目前主流的纵向整合程度测量方法，从而为本书科学测度纵向整合程度提供文献依据。

虽然学术界曾以二分变量来测量企业纵向整合程度（Monteverde and Teece，1982；Masten，1984），但 Vannoni（2002）指出这种方法存在明显的选择性偏差，现实中纵向整合行为并非简单的有无，而且企业是通过直接和间接的渠道来销售相同的产品，使用内部生产和外部契约来获得中间投入品。因而早期研究中也使用"附加值/销售收入"或其修正指标来测量纵向整合程度（Adelman，1955；Laffer，1969；Buzzell，1983）。Maddigan（1981）指出这一比率及其相关修正指标存在明显缺陷，即容易受到纵向整合以外的因素影响，特别是受企业盈利能力的影响，若企业越接近价值链中附加值相对较高的阶段，那么该指标则就越大。因此在跨产业企业进行比较时可信度不高。为了克服上述缺陷，Rumelt（1986）、Hoskisson（1987）以及 Reed 和 Fronmueller（1990）等运用标准产业分类法（SIC）来测量企业纵向整合程度。虽然这一方法解决了跨行业研究中的失效问题，但仍然没能克服纵向整合以外因素的影响；同时，此种方法仅能反映价值链的某一生产阶段，未能反映企业间相互作用的所有可能（Nugent and Hamblin，1996）。为此，Maddigan（1981）建议采用一个根据 Leontief 编制的美国经济投入—产出表（I-O 矩阵）计算的指标来衡量企业纵向整合程度。该指标将企业参与的各种产业进行划分，当企业更多地参与双方之间有投入和产出流的产业，或者当企业参与在其中有更大的投入或产出流的产业时，则企业的纵向整合程度比较高。但该方法在准确体现企业间整合的差异上还存在缺陷。这一阶段的测量方法一般以"资产专用性"为理论基础，后期则融合了资源依赖的企业理论观点。

Davies 和 Morris（1995）指出，企业纵向整合的基础是通过单个企业进行内部化生产还是外部化购买的决策实现的，此时纵向整合的敏感度应能反映企业产出的内部流动数量和外部销售的相关性，但在企业内部和外部交易中获取准确信息十分困难。这一测量实质上是对传统"交易成本理论"的一种回归，纵向整合敏感性能够反映交易成本，而企业内部和外部信息获取同时也正是交易费用的体现。为避免信息获取上的困难，Davies 和 Morris（1995）以 Maddigan（1981）的研究方法为基础提出了 Davies-Morris 指数，旨在得出更加适用的企业纵向整合指数。首先将这一指数引入国内的是周勤（2003），他据此测算了江苏省制造业的 16 个产业纵向一体化状况及各产业中前 5 名的 80 家企业的纵向整合状况。但按照 Adelman（1955）的标准，这一指数的理论基础较为薄弱，并且在反映产业间的一体化程度比企业层面的一体化程度方面更为合适。正如 Fan 和 Lang（2000）指出的，由于现有的企业相关度测量方法过度依赖标准产业分类系统，不仅未能反映业务相关性的类型和准确测量相关性程度，同时也极易受产业分类错误的影响。这一阶段的度量在投入产出基础上，结合了纵向整合的经济学基础，新制度经济学的"交易成本理论"和"产权理论"等已经显著体现出与企业理论相融合的趋势（李青原等，2010）。

（三）企业纵向整合的绩效

产业经济学"结构—行为—绩效"（SCP）理论认为，产业链纵向整合战略会对企业经营绩效甚至整个产业发展产生影响（吴小节等，2020）。产业经济学领域已有一些文献探讨产业链纵向整合与经营绩效之间的关系，分别形成了"促进说"和"抑制说"两种观点，均获得了一定的经验证据支持。"促进说"强调产业链纵向整合可以促进企业经营绩效提升，不仅可以通过减少或者消除上下游机会主义行为有效降低企业外部市场交易成本（Carlton，1979），还能够改变市场结构，控制产业链上的核心渠道和技术环节，快速将产业链上其他企业的先进技术、研发人才等引入企业（李万君等，2021）。通过技术的外溢效应和学习模仿实现规模经济、降低生产成本、形成竞争优势（王文瑜、胡求光，2015），在发展初期快速提升企业的技术效率、优化资源配置、改善经营绩效这三个方面（Forbes and Lederman，2010；Broedner et al.，2009）。而"抑制说"认为产业链纵向整合可能会对企业经营绩效产生负面影响，在完善的市场经济条件下，基础设施便利性降低了企业市场交易成本，导致市场专业化分工的交易效率可能高于一体化生产的效率（李青原、唐建新，2010），因而，对产业链纵向整合过度可能会引起其他非效率损失，如扭曲一体化内部的投资激励、增加组织内部的管理成本和代理成本等（李太平等，2019），使企业内部组织效率和经营绩效降低（Peyrefitte and Golden，2004；Jiang et al.，2006）。综上所述，纵向整合对企业经营绩效同时存在正向的促进效应和负向的抑制效应，但这两种效应孰强孰弱？最终对企业经营绩效的影响如何？既有经验研究尚未达成一致结论，除了同时存在两种相反的影响效应，另一个可能的原因在于忽略了产业本身固有的经济特性与发展规律。

就国内农业产业的理论和实践而言，既有文献认为产业链纵向整合在一定程度上可以促进企业经营绩效提升。管曦（2012）基于国内茶叶企业的调研数据研究发现，企业参与茶叶产业链纵向整合能够显著地改变茶叶种植者的茶园种植方式，由常规茶园种植向生态茶园种植转变。其中，企业对茶叶产业链上游的纵向整合可以获取优质的鲜叶原料，对下游的纵向整合则可以获得更大的经济收益。綦好东和王瑜（2014）基于国内上市农工一体化企业和非农工一体化企业的财务数据对比发现，虽然一体化企业的管理费用率较高，但净资产收益率、总资产周转率和销售费用率等收益优势较为明显，而非相关的多元化经营会削弱这一经济效益（綦好东等，2015）。王瑜和綦好东（2015）测度了我国上市农工企业的一体化程度，认为当前一体化程度整体偏低，但一体化程度与企业经营绩效呈正相关的关系。胡求光等（2015）基于我国渔业上市企业数据分析认为，一体化更有利于产业集中度相对较高的行业、使发展处于成熟期的企业的绩效提高（张贞，2019），因而对企业经营绩效影响的行业异质性较强，企业应选择适合自身行业特点的一体化战略（王斌、王乐锦，2016）。此外，也有少量文献基于非线性关系的角度，研究了纵向整合对企业经营绩效的影响，蒋旭霞（2018）的研究认为纵向整合对畜牧企业绩效同时存在推动作用和阻碍作用这两个方面。虽然节约了交易成本、提高了市场竞争力，但也增加了不同环节的协调成本、降低了经营灵活性，并基于我国上市畜牧企业的数据验证了纵向整合程度与经营绩效之间关系呈"U"型的特征。周海文和周海川（2018）研究了饲料产业集中度与企业生产效率的关系并得出了类似的结论。上述结论为本书的实证研究提供了经验证据支持。

五、环境规制对养殖场经营决策的影响研究

关于环境规制对养殖场经营决策调整的影响，现有的研究观点仍存在分歧，一部分学者认为环境规制对养殖场经营规模有抑制作用。如 Sullivan 等（2000）研究认为，环境规制增加了养殖场的污染治理成本，从而使大规模生产失去了成本优势，当养殖场承担的环境治理成本上升到一定量级时，会有意识地缩小饲养规模和缩减生产。吴林海等（2015）与田文勇（2017）从污染治理成本内部化视角测算出环境规制会缩小生猪养殖适度规模，增加污染治理难度，增加养殖户的资金压力和治理压力，使养殖户偏离利润最大化目标。理性养殖户为减缓污染治理压力，通常会选择缩减养殖规模（侯国庆，2017）；黄炳凯等（2021）认为环境规制不仅导致养殖场经营成本增加，而且通过行政禁令和选择性关停措施使养殖场生存压力增加，迫使养殖户缩小规模或退出养殖；另有一部分学者认为，环境规制

对养殖规模有促进作用。周力（2011）认为养殖场在污染治理过程中存在交易成本，随着环境规制水平的提升，养殖场为节约交易成本会扩大养殖规模；刘立军（2021）研究认为生猪养殖场为治理污染会引进新技术和设备，为分摊处理设备的运行成本，产生处理污染的规模经济，养殖场会扩大规模。

因此，环境规制可能对异质性规模类型养殖场有不同的影响。Azzam等（2015）认为环境规制会促进小型农场的生产规模的扩大和数量增加，但对大型农场规模变动的影响取决于环境规制强度会如何改变其边际生产成本与平均生产成本的变化程度，严厉的环境规制会导致大型农场数量减少。张园园等（2019）研究认为散养户和小规模养殖场受资本和技术水平的约束，在环境规制面前具有脆弱性，面对环境规制往往选择缩减规模或退出养殖，而中大规模养殖场会借助规模效应降低污染治理成本，在环境规制下扩大规模。徐立峰等（2021）的研究提出由于环境规制主要管制的对象为大规模养殖场，则相较于小规模养殖场，大规模养殖场受环境规制的影响更大，而小规模养殖场更多的是受到社会规范的影响。

最后，部分学者还从动态视角分析环境规制对养殖规模的差异化影响。如李晗等（2021）提出，在短期内，环境规制要求养殖场增加环保设备，对废弃物要进行资源化和无害化处理，在环保资金上的投入降低了养殖主体的资金周转率，挤占补栏资源，不利于养殖场扩大生产，长期来看，未被淘汰的养殖场会通过优化生产技术与提高规模化程度降低生产成本，通过产业升级的方法适应环境约束。

六、简要评述与进一步研究方向

工商资本进入与农业资本深化是中国农业现代化转型最明显的特征之一，不仅推动了农业产业链的纵向整合，还对农业企业的经营绩效产生影响。对于工商资本深化的研究，既有文献分别从"农业资本存量"、"资本劳动比"和"资本产出比"等角度分析了农业资本深化的现状，并从"工商资本下乡"这一现象入手，探究了工商资本进入农业的多方面动因与影响。在经济学意义上，肯定农业工商资本深化对农业生产规模报酬递增的促进作用。在有关企业交易成本及其决定因素的研究中，将市场交易成本内生于交易主体，从人为因素、与特定交易有关因素和交易市场环境因素等方面剖析了交易成本决定因素；企业和各种产业组织的形成，取决于其替代市场所节约的交易成本与由此产生的内部生产成本之间的权衡。而在此基础上发展起来的契约农业和产业链纵向整合也被看成一种节约外部市场交易成本的制度安排，是工商资本下乡组织带动农户经营、促进农业转型的实现机制。有关产业链纵向整合的绩效研究表明，产业链纵向整合战略会对企业经营绩效产生影响，分别形成了"促进说"、"抑制说"和"'U'形说"等观点，但尚未达成一致结论，应当视具体的行业而决定。

综上所述，已有文献为本书的设计和开展提供了坚实的基础和良好的借鉴，但仍然存在不足之处。

首先，关于工商资本进入农业的研究，以往文献仅聚焦农业生产环节，仅侧重分析其对农户农业生产和福利的影响，而有关工商资本深化如何影响农业产业链的研究较少，并且从畜牧企业角度分析产业链整合的研究更是匮乏。在畜牧产业链整合进程中，龙头企业往往是纵向整合的主导方，养殖户是被动参与方，并且产业链整合的起始环节不仅是单个养殖环节。因而，仅从养殖户角度或者从单个养殖环节出发分析产业链纵向整合，未能揭示产业链纵向整合在不同环节表现出的异质性成因，可能会导致研究结论较为片面。企业所处的产业链环节不同，面临的市场交易成本和资本密集程度也有着较大区别，本书从单一产业或环节的视角扩展到全产业链，尝试从工商资本深化的角度对畜牧产业链纵向整合的环节异质性作出合理解释，有助于产业化政策制定和目标选择的差异化。

其次，关于企业纵向整合决策因素的研究，已有文献倾向于将其归结为外部市场交易成本变化的影响，但忽视了产业组织内分工持续深化所隐含的内在约束条件——企业组织内部成本提升，无论是社会化市场分工还是企业组织内部分工，其分工水平的高低都能够纳入交易成本的分析范式来解释，两者共同决定了企业或产业组织的纵向边界。单纯从市场交易成本这一个侧面开展研究，无法合理解释企业纵向整合的决策因素以及产业链纵向整合的深化逻辑。本书同时考虑企业市场交易成本和组织内部成本对纵向整合的影响及作用机制，为揭示纵向整合行为背后的经济学含义提供新的视角。

再次，关于农业契约治理的研究，学界研究的重点从早期阐明合作模式、意义和内涵等，逐步转向运用交易费用理论、不完全合约理论以及产业组织理论等进行深入探讨分析（刘凤芹，2003；马华、王松磊，2016）。

显然，这些研究文献关注到了农业企业与农户之间所隐含的交易成本治理及其制度含义，但未从理论层面上揭示农业企业的契约形式演变及其分工治理内涵，而这些恰恰才是理解农业现代化过程中推进规模经营和转变发展方式的关键，也深刻影响着龙头企业与农业产业链的有效衔接。本书将"契约农业"放在"产业链纵向整合"视角下加以考察，关注龙头企业在不同的实际场景中，处理与农户之间交易分工关系时的契约治理机制，旨在进一步具象化分工深化下的交易治理逻辑。

最后，关于企业经营绩效增进的研究，已有研究多从新古典经济学的规模经济理论出发进行分析，认为产业链纵向整合所带来的规模经济效益可以降低边际生产成本进而改进企业经营绩效。然而，实践表明实现农业规模经营是面临较多约束且相对缓慢的过程，以往研究过于强调农业的特殊性和横向规模化而普遍忽视农业纵向分工问题，鲜有研究将两种维度的农业规模化策略纳入同一理论分析框架，因而未能揭示农业企业经营绩效可持续增进的实现路径。笔者认为，农业并不是一个难以融入分工经济的被动部门，横向规模扩张与纵向分工深化是并行不悖的农业规模化发展策略，从而为畜牧企业实现经营绩效可持续增进提供了合理解释。

第四节　本章小结

本章主要从理论基础、概念界定与国内外研究动态梳理三个部分展开研究。在理论基础部分，回顾了交易成本理论、分工理论、不完全契约理论和厂商理论的基本观点和理论演变；在概念界定部分，对本书所涉及的核心概念：外生交易费用、内生交易费用、环境规制、产业链纵向整合、规模经济和分工经济进行了界定和简要说明；在文献综述部分，对国内外相关研究动态进行梳理与综述，主要包括农业工商资本深化研究、企业交易成本及其影响因素研究、企业契约选择与治理研究、企业纵向整合研究，以及环境规制对养殖场经营决策的影响研究五个方面，并在既有文献基础上进行简要述评，总结现有研究的不足之处并提出本书进一步研究的方向。

第三章
理论框架与研究假说提炼

第一节　理论框架

一、企业纵向整合决策分析框架

（一）纵向整合决策动因

随着工商资本的深化，企业最直接的决策首先是进行横向规模扩张以获取规模经济效益。此时，来自外部市场的交易成本和来自组织内部的生产管理成本增加，企业需要同时权衡这两种成本所带来的影响，从而作出使成本最小化的经营决策。然而在理论上，横向规模扩张所表达的规模经济存在一个适度区间，当单纯的规模经济效益受到市场交易成本的影响而出现边际递减这种情况时，企业便会考虑纵向整合战略利用分工经济来降低市场交易成本，虽然可以缓解市场交易成本上升对其经营绩效的冲击，但这种反应程度会受到企业内生交易费用的约束。由于纵向整合是企业将外部交易环节纳入内部生产管理中，因而企业内生交易费用会随着纵向边界的拓展而增加。那么，企业是否具备足够低廉的内生交易费用优势，决定了企业能否维持组织内分工的持续深化。由此可见，纵向整合程度由企业外生交易费用与内生交易费用共同决定，内生交易费用是企业在成本最小化激励下实施纵向整合战略的重要约束条件，可能会直接影响外生交易费用对企业纵向整合的促进效应。然而，已有文献忽略了来自企业组织内部的分工深化，同时也并未重视分工所隐含的交易成本问题，无论是社会化市场分工还是企业组织内部分工，其分工水平的高低都能够纳入交易成本分析范式来进行解释（张露、罗必良，2018）。

分工经济并非纵向整合产生的充分条件，市场交易费用的上升也是必要的，企业之所以能取代市场机制来协调分工，原因在于市场交易成本可能高于企业内部成本（Coase，1937）。根据这一思想，企业制度的作用在于，用生产某些中间品的劳动市场替代这些中间品市场，从而能用要素市场的外部效果替代中间品市场的外部效果，这虽然能够降低在市场购买中间品的交易费用，但同时也会内生出在劳动市场的雇佣和交易费用。交易成本不仅影响交易效率的发挥，还影响分工的进一步深化，因而减少交易成本的制度安排是分工得以深化和经济效率提升的重要保障，由此衍生出企业以及产业链等组织形式（王亚飞、唐爽，2013）。由此看来，企业是一种巧妙的交易制度安排，它可以把一些交易成本极高的活动卷入内部分工，又可以避免对这类活动的直接定价和直接交易（罗必良，2017a）。类似地，如果存在产业组织，那么企业便能在产业链各环节的产品市场和雇佣生产该产品的劳动市场之间作出选择，当产品市场交易费用高于劳动市场交易费用时，企业便会采取一体化经营，将交易费用相对高的活动纳入企业内部，避免进行市场交易，从而降低外生交易费用（杨小凯、黄有光，1999）。

（二）纵向整合的演进

根据上述分析逻辑，企业纵向整合的演变过程如图 3-1 所示。其中，方框代表对应的产品市场，椭圆表示企业选择的组态，圆点代表雇佣劳动转化为相应中间产品的过程，箭头表示产品流。结构（a）完全市场交易由组态（x/y）和组态（y/x）组成，组态（x/y）表示企业在 x 的市场出售中间品 x 并在 y 的市场购进最终产品 y，组态（y/x）表示企业在 y 的市场出售最终产品 y 并在 x 的市场购进中间品 x，因此，选择组态（x/y）的最终产品专业生产企业和选择组态（y/x）的中间品专业生产企业通过市场组织分工。结构（b）由组态（y/l_x）和组态（l_x/y）组成，组态（y/l_x）表示企业出售最终产品 y 并购进劳动 l_x，它生产最终产品 y 并雇佣劳动在企业内部生产中间品 x，组态（l_x/y）表示企业出售生产中间品的劳动 l_x 并购进最终产品 y，因此，结构(b)仅包含最终产品的市场交易以及雇佣生产中间品的劳动交易，避免了中间品的市场交易以及用于生产最终产品的劳动交易。结构(c)由组态(y/l_y)和组态(l_y/y)组成，组态(y/l_x)表示企业出售最终产品y并购进劳动l_y，它生产中间品x并雇佣劳动用该中间品作为投入在企业内部生产最终产品y，组态(l_y/y)表示企业出售生产最终产品的劳动l_y并购进最终产品y，因此，结构(c)仅包含最终产品的市场交易和雇佣生产最终产品的劳动的交易，避免了中间品的市场交易以及用于生产中间品的劳动交易。图3-1表明，企业能够在完全市场分工和纵向整合经营之间作出权衡，以降低交易费用、改进交易效率。当企业面临产品市场交易费用高于劳动市场交易费用时，市场结构便会由完全市场分工向产业链纵向整合演进。进一步地，当生产最终产品的劳动交易费用高于生产中间品的劳动交易费用时，企业便会从产业链下游向上游整合；反之，企业便会从产业链上游向下游整合。

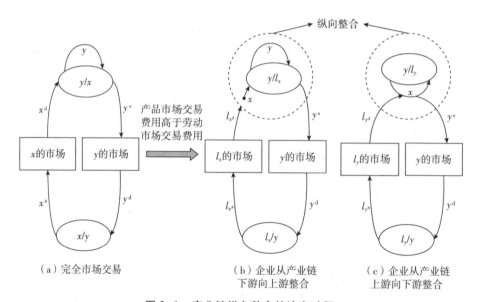

图3-1　产业链纵向整合的演变过程

二、研究思路

畜牧产业链纵向整合是一个动态过程，它源于微观企业经营决策调整，随着工商资本持续进入而不断深化，并最终对企业的经营绩效产生影响，其本质上是企业对产业链其他环节剩余控制权的索取（Grossman and Hart，1986），使不可控的外部市场交易环节内化为可控的生产管理环节，以达到降本增效的目的。本书在畜牧企业横向规模扩张的同时考察了纵向整合行为，畜牧企业规模化发展过程中的"规模—成本"关系治理如图 3-2 所示，在最初的完全市场交易中，企业横向规模与综合成本①的关系呈"U"型，随着横向规模的不断扩大，当 $L>L_0$ 时，仍会引起综合成本增加，最终企业陷入"市场规模—交易成本"困境。在完全市场交易到契约交易的模式演进过程中，随着横向规模从 L_0 到 L_1 再到 L_2 的不断扩大，规模经济首先带来企业综合成本从 C_0 到 C_1 到 C_2 的不断降低，若产业组织模式仍然维持不变，那么越过规模临界点后，市场交易成本将导致企业综合成本重新上升。此时，若企业再向深度分工的全产业链纵向整合模式演进，企业外生交易成本将会逐步内部化，避免了单纯的扩大横向规模，从而导致市场交易成本攀升的困境，畜牧企业规模化发展的实现路径如 C' 所示。

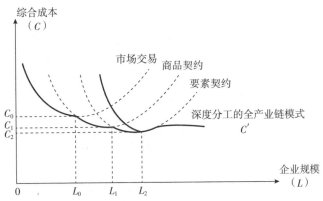

图 3-2　畜牧企业规模化发展过程中的"规模—成本"关系治理

　　本书的逻辑思路如图 3-3 所示。当工商资本大量进入并得以在畜牧产业内充分流动时，产业链各环节的资本密集程度迅速提高，但仍不可避免地面临农业产业内在的劳动要素约束。在畜牧关联产业充分有效的资本市场和不完善的劳动力市场的双重前提下，追求利润最大化的企业将追加专

---

①　畜牧企业经营过程中产生的综合成本是一个广泛意义上的概念，既包括产品生产过程中的成本，也包括为达成交易付出的成本（黄惠春等，2021）。

用性资产投资，并在生产过程中不断使用资本要素替代劳动要素、促进资本密集型技术创新投入，在降低了企业劳动雇佣成本的同时，提高了企业资产专用性水平，分别对企业的外生交易费用和内生交易费用产生影响。根据交易成本理论，资产专用性水平属于企业外生交易费用范畴，增加专用性资产投资会提高企业外生交易费用；而劳动雇佣成本属于内生交易费用范畴，减少劳动雇佣会降低企业内生交易费用。新制度经济学理论认为，企业纵向整合决策源自对其外生交易费用和内生交易费用的权衡，外生交易费用提高和内生交易费用降低均会促进企业纵向整合决策。因此，资本密集程度提高引起的企业交易成本变化会通过企业经营决策调整而作

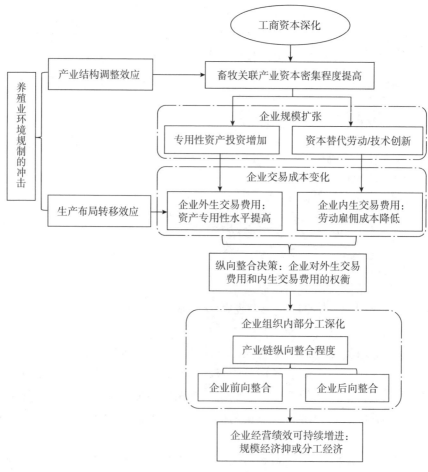

图 3-3　本书的逻辑思路

用于产业链各环节，进而推动整个畜牧产业链纵向整合的深化，这一产业组织制度的变化效应最终又会反馈到产业链内微观企业的经营绩效上。在上述工商资本整合畜牧产业链的进程中，不容忽视的一个外生冲击是，2014年我国养殖业环境规制强度全面升级，在养殖环节产生的产业结构调整效应和生产布局转移效应，加速了养殖业工商资本的扩张速度并扩大了规模，同时提高了企业外部的制度性交易成本，对畜牧业工商资本深化与产业链纵向整合产生了深远影响，因而有必要将养殖业环境规制冲击纳入研究框架，对政策的整合效应进行深入评估。

基于上述研究思路，本书从畜牧企业发展面临的"市场规模—交易成本"这一现实问题出发，以"畜牧产业链纵向整合"为研究中心，沿着纵向整合的深化路径、决策因素及其对企业经营绩效这条贯穿全书的主线进行延展，对应地回答如下四个关键科学问题，试图揭示畜牧产业链纵向整合的本质与发展规律。

（1）畜牧产业链纵向整合的深化路径。问题1：工商资本大量进入畜牧关联产业如何推动产业链纵向整合的深化？

（2）环境规制对工商资本深化与畜牧产业链整合的影响。问题2：工商资本纵向整合畜牧产业链的进程中，养殖业环境规制将产生怎样的冲击？

（3）畜牧企业纵向整合模式选择的决策因素。问题3：畜牧企业选择不同的纵向整合模式的决策因素是什么？

（4）纵向整合深化对畜牧企业经营绩效的影响。问题4：畜牧企业经营规模扩张和纵向整合深化存在何种互动关系？两者又如何影响企业经营绩效？

第二节　机制分析与假说提炼

一、工商资本深化推动畜牧产业链纵向整合的路径

工商资本深化引起了畜牧企业交易成本变化，根据新制度经济学理

论，外生交易费用和内生交易费用共同决定了企业或产业组织的纵向边界，工商资本深化推动畜牧产业链纵向整合的路径可以由交易成本分析范式来阐释，如图3-4所示。

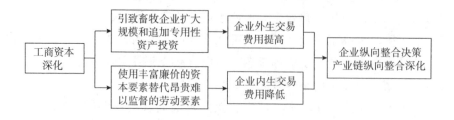

图3-4 工商资本深化推动畜牧产业链纵向整合的路径

（一）基于企业外生交易费用视角

交易成本理论认为市场交易成本提高引发了企业纵向整合行为，而在所有影响企业外生交易成本的因素中，交易双方的资产专用性水平是可量化的也是最重要的决定因素之一。企业资产专用性通常被定义为在不牺牲生产价值的前提下，资产可用于不同用途和由不同使用者利用的程度，一项资产的专用性越强，它用于特定用途后就越容易被锁定，若移作他用就会贬值，甚至可能变成毫无价值的资产。为避免专用性资产的损失，企业纵向整合行为会随着其资产专用性水平的提高而产生（Lieberman，1991；Coles and Hesterly，1998）。Lafontaine 和 Slade（2007）进一步指出，当交易涉及复杂的专用性资产投资时，如农业生产投资，企业具有更强烈的动机进行纵向整合，从而取代完全市场交易，减少潜在的机会成本。这不仅是由于市场未能实现聚集经济，还因为资产的高度专用性而带来锁定效应，在此情况下市场治理会带来各种矛盾。

在一个竞争的市场上，产业链各环节的经营主体都能以一个相对公平合理的价格将自己生产的最终产品卖给下游其他环节经营主体，并从产业链上游环节购买到价格合理的中间投入品或原材料，从而达到市场均衡状态；如果认为市场交易条件不公平或受到外部风险冲击，经营主体可以选择在下一个交易周期退出市场交易，转而生产其他农产品或进入其他产业链条，进而从事交易活动，并且在不考虑资产专用性水平和进入退出壁垒的情况下，这种转移成本很低，几乎不会造成较大的损失。在畜牧产业的经营实践中，工商资本的深化会导致畜牧企业扩大横向规模和市场份额，从而需要追加固定资产投资，如采购更多的固定资产设备、租赁更大规模的生产性用地等。虽然以农业机械替代劳动具有多重优势，但这些资产投入具有高度的专用性。在市场交易过程中，一方投资的专用性资产越多，被另一方机会主义行为损害的概率就会越高，容易给企业带来"敲竹竿"或"寻租"等机会主义风险，所以使用频率低下，进而产生投资锁定与沉淀成本的情况。由于拥有大量专用性资产，一些畜牧龙头企业进入、退出市场的壁垒非常高，在面对市场风险时，不可能像其他经营主体那样选择及时退出而不承担任何损失，如果选择退出该环节，不仅屠宰场没有可供加工的货源，养殖场、饲料厂生产的产品没有销路，而且会造成专用性设备的闲置，公司将承担固定成本的损失。为降低这种机会主义行为带来的损失，龙头企业有动机将参与市场交易的各环节，并且将其纳入一体化经营。因此，当企业资产专用性水平极低时，市场采购更为有利；而当资产专用性水平极高时，企业内部生产更为有利（Williamson，1979）。

（二）基于企业内生交易费用视角

企业制度即以雇佣生产某些中间品的劳动力市场替代这些中间品的市场，从而能用要素市场的外部效果替代中间品市场的外部效果，以此降低市场的交易费用，但同时也内生地诱发劳动力要素市场的发育，并且随着企业纵向整合而扩大。必须关注的问题是，与畜牧产业链纵向整合相匹配的劳动力要素流动隐含着高昂的内生交易费用，因此，随着畜牧企业纵向边界的扩张，其内生交易费用不断上升，最终难以对外生交易费用形成比较优势，阻碍企业内部分工的进一步深化。所以两种成本的彼消此长最终一定会出现一个均衡点，企业的纵向整合边界就能够确定下来并趋于平衡（Lafontaine and Slade，2007）。换言之，企业内部成本和市场交易成本共同决定了企业的纵向边界和市场范围，如何降低企业内生交易费用将是纵向整合进一步深化的内生要求。而工商资本在畜牧关联产业深化的同时，能够促进企业使用更为丰富和廉价的资本要素替代成本不断上升的劳动要素，以节省企业内生交易费用，激发企业内生交易费用的比较优势，进而促进企业内部分工深化，这势必成为企业改善内部生产要素配置效率、合乎经济性的选择。

此外，诱致性技术变迁理论认为，农业技术发生改变的外在动因始于要素禀赋的变化。随着众多工商资本的进入和产业组织的产生，畜牧关联产业初始的要素禀赋比例发生改变，大量的资本注入使产业资本密集程度提高，通过提高研发投入（R&D）导致企业技术创新活动的增加，促进了资本密集型技术进步的产生，带来企业产品平均生产成本的降低，扩大企业在产品市场的占有率和控制力，进而激发企业生产能力比较优势，使原本由市场外包的中间投入品转为内部一体化生产（黄浩，2020），体现出企业本质中的生产决策属性。即企业资本密集程度提高对其组织形式选择具有技术外溢效应，促进企业中间品投入由市场外包转向一体化生产。

综上所述可以推断：资本密集程度越高的环节，企业专用性资产投资越高、内生交易费用越低，企业纵向整合程度也越高。来自中国（农业资本深化程度相对较低）和美国（农业资本深化程度相对较高）畜牧产业链饲料环节和养殖环节市场结构的经验事实证明了上述推断。如表3-1所示，在美国畜牧产业链资本深化程度较高的情形下，各环节的企业规模和资本实力均较大，每个企业的国内市场占有率以及整个环节的市场容量均较高，

表3-1　中美畜牧企业及各环节2017年市场份额对比

单位:%

饲料环节				养殖环节			
中国		美国		中国		美国	
企业	市场份额	企业	市场份额	企业	市场份额	企业	市场份额
新希望	7.50	蓝湖牧场	21.28	温氏	2.36	Smithfield Foods	14.50
海大	4.70	Cargill	16.17	牧原	1.05	Triumph Foods	6.50
双胞胎	4.40	ADM	5.45	正大	0.87	Seaboard Crop	3.70
唐人神	2.20	J. D. Heiskell&Co	4.09	正邦	0.50	Maschhoffs	3.30
正邦	2.10	威斯湾	3.41	雏鹰	0.36	Preatage Farms	2.90
大北农	2.00	肯特	3.40	中粮	0.44	Iowa Select Farms	2.80
通威	1.90	南州	2.90	扬翔	0.35	Pipestone Farms	2.40
禾丰牧业	1.00	PM	2.89	新希望	0.29	Cargill	2.10
傲农生物	0.70	鳞龟	2.72	天邦	0.15	Carthage System	1.60
禾康生物	0.50	Goldsboro	1.70	广安	0.09	AMVC	1.40
CR10	27.00	CR10	64.00	CR10	6.46	CR10	41.20

资料来源：中国饲料工业协会和布瑞克农业数据库。

若以此近似反映企业的边界，则表明产业资本密集程度越高，畜牧企业的纵向整合程度越高。因此，虽然交易成本是企业纵向整合的决策因素，但若仅考虑交易成本，进而单纯地扩大企业在产业链上的纵向边界，却不能同时保证资本和技术等相关要素的匹配，那么，企业将逐渐失去生产能力的比较优势，纵向整合深化的程度、效率及其带来的经营绩效将大打折扣。据此提出：

假说1：工商资本深化通过增加畜牧企业专用性资产投资提高外生交易费用，以及使用资本替代劳动降低内生交易费用，进而促进畜牧产业链纵向整合。

二、环境规制冲击下畜牧业工商资本深化与产业链纵向整合

养殖业环境规制作为一个较强的外生冲击，将在养殖业引起产业结构调整效应，加速工商资本在养殖环节的扩张速度和规模，提高养殖环节的资本密集程度，同时通过生产布局转移效应，在养殖环节产生制度性交易成本，根据制度经济学的含义，企业制度性交易成本可看成企业为遵守政府规制以及政策实施过程中产生的费用，属于企业外生交易费用范畴，最终影响工商资本对畜牧产业链的整合，如图3-5所示。

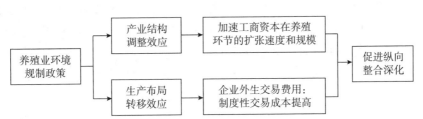

图3-5　养殖业环境规制政策影响工商资本整合畜牧产业链的路径

（一）产业结构调整效应

在我国畜牧业资本深化的进程中，中小养殖户一直是畜禽养殖环节的重要组成部分，当前我国养殖产业化模式依然建立在农户经营的基础之上（郭利京、林云志，2020）。自2013年底由国务院出台《畜禽规模养殖污染防治条例》并于2014年正式实施以来，政府屡次强调养殖业的环境污染问题，并在此后密集出台了一系列关于畜禽养殖污染防治的环保政策，使

得全国层面的规制强度大幅提高。地方政府在政策实施过程中不断提高畜禽养殖的环保标准，各类经营主体纷纷追加投资、购置清洁生产设备以达到日趋严格的环保标准，导致养殖环节的投入成本增加，大量小散养殖户由于缺乏改造升级资本被迫弃养，中规模养殖户追加专用性资产设备投资对养殖场进行升级改造，可以对抗风险的大规模养殖集团则乘机加速占领市场，从而提高了养殖环节的进入壁垒和退出壁垒。《中国畜牧兽医年鉴》数据显示，2007~2016 年出栏量 500 头以下的养殖户的生猪出栏量占比由 78% 降至 45%，而年出栏量 10000 头以上的养殖企业生猪出栏量占比由 4% 增至 16%。养殖环节的产业结构调整导致供给端大幅减产推动价格上涨，形成超额利润空间，引起养殖环节企业的加速扩张，同时吸引其他环节工商资本的不断进入，养殖环节的资本密集程度得到进一步提高，畜牧企业的资本实力和产业链整合动机得以加强。

（二）生产布局转移效应

农业部 2015 年发布的《关于促进南方水网地区生猪养殖布局调整优化的指导意见》和 2016 年印发的《全国生猪生产发展规划（2016—2020 年）》，明确将南方水网地区与京津沪等多地划定为"约束发展区"，同时在全国其他地区划定了养殖业的"重点发展区"、"潜力增长区"和"适度发展区"。地方政府在政策实施过程中纷纷设立了禁养区和限养区，约束发展区内养殖场的拆迁也在快速推进，一些地方甚至采取统一的措施划定禁养区，为达到政策规定的环保标准而关停和强制拆迁一些养殖场，迫使养殖企业的产能向重点发展区和潜力增长区进行大规模转移和集聚，约束发展区则相应地大幅削减产能。无论地方政府的政策实施过程如何，环境规制政策带来的养殖布局转移效应都是显而易见的。虽然是政策冲击和市场机制下资源再配置形成的结果，但也导致养殖环节与产业链其他环节的市场分离，增加产品或原料运输成本和损耗，在养殖环节内生了市场风险和交易成本，即畜牧企业面临的外生交易费用提高，从而倒逼企业加深对产业链的纵向整合。

此外，在环境规制的冲击下，企业与养殖户之间市场风险和交易成本提高，倾向于缔结更加紧密的契约形式以降本增效，从而促进养殖环节纵向整合的深化。目前，多数以"公司+农户"为主要养殖模式的龙头企业已经将合作养殖户的规模标准提高到 500 头以上，对小散养殖户产生挤出效应(郭庆海，2021)，从而增加企业与养殖户之间纵向整合形式的紧密性。在上述效应的综合作用下，养殖业环境规制政策对畜牧业工商资本深化与产业链纵向整合最终表现为促进作用。综上所述提出：

假说2：养殖业环境规制通过产业结构调整效应和生产布局转移效应提高养殖企业资本密集程度和外生交易成本，进而促进畜牧产业链纵向整合。

三、畜牧企业纵向整合模式选择的决策因素

产业链纵向整合源于微观企业纵向整合经营决策调整。随着企业纵向边界不断拓展，其内生交易费用也在不断增加，这就产生了组织内分工持续深化的天然障碍，在外生交易费用约束条件无法改变的情况下，要实现组织内分工效率的增进，就必须存在具有内生交易费用优势的经营主体(何一鸣等，2019)，由此得知企业纵向整合决策由上述两类交易费用共同决定。借鉴 Akerman 和 Py(2011)、唐东波(2013)、李嘉楠等(2019)学者解释市场交易费用影响企业中间品一体化生产的理论模型，本部分建立了一个畜牧企业纵向整合决策因素的模型，对这两类交易费用最终如何影响企业纵向整合决策进行数理推导。与原理论模型相比，本书不仅关注了外生交易(市场购买)费用这一因素，还将企业内生交易(劳动雇佣)费用引入模型，同时考察两类交易费用对企业纵向整合的决定机制。

(一)产品生产

考虑一个只生产一种最终产品的企业 A，使用劳动 L 和中间品 M 两种要素投入生产，且每个劳动力付出一单位劳动，厂商的生产函数为

$$F(l, X) = l^\alpha M^{1-\alpha}, \ \alpha \in (0, 1) \tag{3-1}$$

式中：l 为直接用于生产最终产品的劳动投入；产业链上游企业 B 为企业 A 供应中间品 M，企业 A 的中间品投入来自市场购买(外包)和一体化生产两种渠道，分别用 $m_j^{purchase}$ 和 $m_j^{produce}$ 表示。中间品投入组合 M 可以表示为如下固定替代弹性(CES)的函数形式：

$$M = \left[\int_0^i \left(\lambda_1 m_j^{purchase} \right)^{\frac{\sigma-1}{\sigma}} dt + \int_i^1 \left(\lambda_2 m_j^{produce} \right)^{\frac{\sigma-1}{\sigma}} dj \right]^{\frac{\sigma}{\sigma-1}} \tag{3-2}$$

该生产函数规模报酬不变，且要素替代弹性为 $\sigma(\sigma>1)$。其中，我们假定企业 A 外包的中间品 $m_j^{purchase}$ 在 $j \in [0, i]$ 范围内，i 为中间品组合中

的外包比例，$j \in (i, 1]$ 则表示企业 A 一体化生产中间品，$(1-i)$ 为企业 A 中间品一体化生产比例，即企业 A 在产业链上的纵向整合程度。λ 表示两种不同来源的中间品的边际生产力水平。

（二）市场均衡

假设企业 B 生产一单位产品的边际成本为一单位劳动投入，而企业 A 选择一体化生产中间品的边际成本为 β 单位劳动投入（$\beta>1$），人均工资水平为 ω，因此，外包和一体化生产单位中间品的成本分别为 ω 和 $\beta\omega$。若企业 A 决定将中间品外包给其产业链上游的企业 B，假设外包价格为 $p_j(p_j>\omega)$，同时还需承担一定的市场交易成本，用劳动工资表示，记为 $\gamma\omega(\gamma>0)$。那么中间品市场均衡时，满足以下条件：

$$p_j m_j^{purchase} - m_j^{purchase}\omega - \gamma\omega = 0 \tag{3-3}$$

因此，企业 A 外包的中间品可表示为

$$m_j^{purchase} = \gamma\omega/(p_j-\omega) \tag{3-4}$$

（三）利润最大化

企业 A 可以选择不同的劳动投入和中间品投入组合，设 P 为最终产品的市场价格，则企业 A 的利润函数为

$$\pi = Pl^{\alpha}M^{1-\alpha} - \int_0^s p_j m_j^{purchase}\mathrm{d}t - \int_s^1 \beta\omega m_j^{produce}\mathrm{d}j - \omega l \tag{3-5}$$

将利润分别对 $m_j^{purchase}$ 和 $m_j^{produce}$ 求偏导，根据利润最大化的一阶条件可得

$$\left(\frac{\lambda_1}{\lambda_2}\right)^{\frac{\sigma-1}{\sigma}}\left(\frac{m_j^{purchase}}{m_j^{produce}}\right)^{\frac{-1}{\sigma}} = \frac{p_j}{\beta\omega} \tag{3-6}$$

整理得到

$$m_j^{produce} = \left(\frac{\lambda_2}{\lambda_1}\right)^{\sigma-1}\left(\frac{p_j}{\beta\omega}\right)^{\sigma} m_j^{purchase} = \left(\frac{\lambda_2}{\lambda_1}\right)^{\sigma-1}\left(\frac{p_j}{\beta\omega}\right)^{\sigma} \frac{\gamma\omega}{p_j-\omega} \tag{3-7}$$

（四）中间品外包比例最优解

对于均衡时的企业 A 的劳动力投入 l^*，中间品生产均依赖劳动力投入（$L-l^*$），根据式（3-1）Cobb-Douglas 生产函数性质，企业 A 的劳动力投入 $l^* = \alpha L$，则均衡时企业用于所有中间品生产的劳动投入为 $(1-\alpha)L$，

且正好满足企业外包与一体化的中间品生产，则有

$$\int_0^i (m_j^{purchase} + \gamma)\,\mathrm{d}t + \int_i^1 \beta m_j^{produce}\,\mathrm{d}j = (1-\alpha)L \tag{3-8}$$

当中间品全部由企业 A 一体化生产时，有

$$L_1 = \beta m_j^{produce}/(1-\alpha) = [\beta/(1-\alpha)](\lambda_2/\lambda_1)^{\sigma-1}(p_j/\beta\omega)^{\sigma-1}[\gamma\omega/(p_j-\omega)]$$

$$\tag{3-9}$$

当中间品全部由企业 A 外包给企业 B 时，有

$$L_2 = (m_j^{purchase} + \gamma)/(1-\alpha) = \gamma p_j/[(1-\alpha)(p_j-\omega)] \tag{3-10}$$

当 $L_1 \leqslant L < L_2$ 时，求解 i 可得

$$i^* = (L-L_1)/(L_2-L_1) \tag{3-11}$$

（五）企业对交易成本的权衡

为进一步证明内生交易（劳动雇佣）费用和外生交易（市场购买）费用对企业中间品一体化生产比例 $(1-i^*)$ 的影响，当 $L_1 \leqslant L < L_2$ 且 $\partial L_1/\partial\gamma > 0$、$\partial L_2/\partial\gamma > 0$ 时，将 $(1-i^*)$ 分别对劳动力 L 和市场交易成本 γ 求偏导，可以得到

$$\partial(1-i^*)/\partial L = 1/(L_1-L_2) < 0 \tag{3-12}$$

$$\frac{\partial(1-i^*)}{\partial\gamma} = \frac{\partial(1-i^*)}{\partial L_1}\frac{\partial L_1}{\partial\gamma} + \frac{\partial(1-i^*)}{\partial L_2}\frac{\partial L_2}{\partial\gamma} = \frac{(L_2-L)}{(L_2-L_1)^2}\frac{\partial L_1}{\partial\gamma} + \frac{(L-L_1)}{(L_2-L_1)^2}\frac{\partial L_2}{\partial\gamma} > 0$$

$$\tag{3-13}$$

式（3-12）表明，企业内生交易费用与其中间品一体化生产比例 $(1-i^*)$ 呈反向变动关系，即企业内生交易费用越低，企业越倾向于雇佣劳动生产中间品。式（3-13）意味着，企业外生交易费用与其中间品一体化生产比例 $(1-i^*)$ 呈同向变动关系，即随着外生交易费用的提高，企业会倾向于将中间品的生产和交易环节内部化。综合式（3-12）和式（3-13）可以得出如下推论：出于成本最小化的考虑，企业纵向整合模式选择取决于外生交易费用与内生交易费用的权衡，当外生交易费用较高、内生交易费用较低时，企业会选择紧密的纵向整合经营模式；而当外生交易费用较低、内生交易费用较高时，企业会选择松散的市场交易方式。据此提出：

假说3：畜牧企业纵向整合决策取决于外生交易费用与内生交易费用的权衡，若企业面临较高的外生交易费用和较低的内生交易费用，则会选择纵向整合经营模式。

四、纵向整合对畜牧企业经营绩效的影响

（一）横向规模、纵向整合与畜牧企业经营绩效

规模经济理论通常从边际成本降低的角度衡量规模经营效益，即在一定的区间内，企业单位生产成本随着横向规模的扩大而降低，从而带来经营绩效的增进，却忽视了横向规模扩张所隐含的高昂交易成本问题。一味地扩大规模对企业经营绩效的增进效应并非持续不变的，事实上，农业横向规模的无限制扩张并不必然导致农业经营绩效的持续改善（Federico，2005）。根据斯密—杨格定理（Smith-Young Theorem），横向规模扩大带来市场容量的扩张和专业化分工程度的提高，必然伴随着市场交易活动和环节的增加，因而企业在形成规模经济效益的同时也会引发市场交易活动的增加，市场分工越细或由此引发的专业化生产环节越多，市场交易频率越高、规模越大，产生的交易成本也就越高，从而形成规模不经济的现象。因此，规模扩大引致的市场容量增长和专业化分工程度提高，会促进企业市场交易成本不断提高，在产生规模经济效益、促进经营绩效提升的同时，也会带来外生交易费用提高，抑制其经营绩效的持续提升，最终产生"市场规模—交易成本"困境。因此，就经营绩效可持续提升而言，畜牧企业经营存在适度规模。

与此同时，纵向整合作为一种组织制度变化，带来的分工经济也会对企业经营绩效产生影响。企业组织内部分工所表达的纵向整合深化，在产生企业内部分工经济导致企业规模报酬递增，促进其经营绩效提升的同时，也会引起内生交易费用增加，抑制其经营绩效的持续提升。更进一步的研究表明，纵向整合通过产权交易将市场行为内部化，带来企业组织内部分工深化，避免市场交易中的机会主义行为，降低外部市场尤其是农产品市场不确定性带来的损失，节约外部交易成本，增加专用性资产投资效率，从而促进企业经营绩效的提升。随着纵向整合的不断深化，其对企业经营绩效的抑制效应也会逐渐显现。纵向整合战略作为一种"大而全"的发展模式，对企业生产效率改善而言存在一定弊端。一方面，由纵向整合带来的"多元化经济"会阻碍企业"专业化效率"的形成，降低企业决策的灵活性，延长决策周期，增加企业内部不同环节之间的协调成本，不利于

其生产效率的提升。另一方面，畜牧业本身的发展规律有其特殊性，随着畜牧企业纵向整合边界的扩张，与纵向整合相匹配的农业劳动要素流动隐含着高昂的内生交易成本：一是农业劳动力非农转移必然导致农业雇工成本不断上升；二是畜禽生产的季节性及劳动用工的不平衡性，会加剧农业雇工的不确定性与风险成本；三是畜禽生产的生命节律与现场处置特性，必然导致对劳动质量的监督困难，从而内生出高昂的监督成本（张露、罗必良，2018）；四是纵向整合深化会带来企业内部成本投入、运营管理成本和代理成本的增加，降低企业内部组织效率（李太平等，2019）。因此，企业进行纵向整合有可能存在更高的经营成本和不良债务的风险，不利于经营绩效的改善（王雨佳，2019），实施纵向整合战略的企业需要具备解决整合后生产风险、经营风险和管理风险的能力。据此提出：

假说4：畜牧企业横向规模、纵向整合程度均与其经营绩效之间存在倒"U"型关系。

（二）畜牧企业横向规模扩张与纵向整合深化的互动关系

理论上，市场容量与农业分工相互关联且相互决定，因而市场容量扩张和分工深化是两种相互关联的农业规模化策略（罗必良，2017b）。一方面，市场容量扩张所表达的企业横向规模扩大对企业内部分工深化所表达的纵向整合具有显著的促进作用，规模扩大带来的外生交易费用提高是构成企业纵向整合决策的诱导因素（市场容量促进分工）。值得注意的是，横向规模对企业纵向整合程度的影响可能是非线性的。由于规模极小的经营主体而产生的外生交易成本可以忽略不计，他们最初可能更倾向于市场外包服务，一旦突破市场外包的规模门槛，市场容量的增加会促进企业内部分工深化，因而其纵向整合程度会转而上升，即小规模经营情形下则表现出参与市场分工的趋势，而大规模经营主体具有内部分工和自我服务的特征。另一方面，纵向整合深化反过来也促进企业横向规模扩大，纵向整合深化带来的外生交易费用降低，构成企业规模扩张继而获取规模经济效益、改进经营绩效的有利条件，从而激励企业持续扩大横向规模（分工增进市场容量）。但同时，由于纵向整合会产生内生交易费用，其对企业规模扩大的影响也可能呈非线性，当纵向整合深化超过一定的门槛值后，过高的内生交易费用可能抑制企业进一步扩大横向规模。

综上所述，企业分工经济发展、规模经济拓展与其经营绩效紧密关联,三者之间的互动关系如图3-6所示。纵向整合将市场交易环节内化促进企业组织内部分工深化,降低外生交易成本,有助于解决"市场规模—交易成本"困境,但由于内生交易费用的存在,纵向整合对企业横向规模扩张的促进作用是递减的,也并不总是能够以纵向整合来应对规模无节制扩大而带来的困境。就此而言,畜牧企业适度规模经营有着更加深刻的内涵,企业经营面临规模扩张与交易成本的抉择,外生交易费用和内生交易费用共同决定了畜牧企业的经营边界,因此,扩大规模和纵向整合对企业经营绩效改进效应均存在适度水平,两种规模化策略也在适度区间内相互促进。据此提出:

假说5:在适度区间内,畜牧企业横向规模与纵向整合程度相互促进,并对畜牧企业经营绩效产生正向的交互影响。

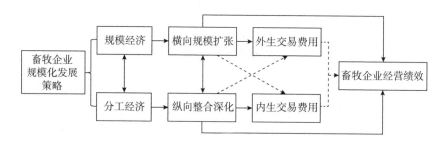

图3-6 横向规模扩张与纵向整合深化对畜牧企业经营绩效的影响
注:图中实线表示促进或提高关系,虚线表示抑制或降低关系。

第三节 本章小结

本章基于新制度经济学的交易成本分析范式构建了企业纵向整合决策行为的一个分析框架,并在此基础上阐述了整体研究思路和逻辑框架,对四个具体研究内容的理论机制进行详细论述。首先,探索畜牧关联产业工商资本深化如何影响企业交易成本,进而推动产业链纵向整合的路径;其次,在养殖业环境规制强度升级的趋势下,分析2014年后"一揽子"环境规制政策出台实施对畜牧业工商资本深化与产业链纵向整合的影响效应；再次，基于交易成本理论阐释畜牧企业纵向整合模式选择的决策因素，探讨企业对于交易成本的权衡以及由外生冲击引发的经营决策调整；最后，从规模经济和分工经济的视角，探讨并比较横向规模扩张和纵向整合深化对畜牧企业经营绩效的影响。围绕上述研究内容提出五个待验证的假说，为后文实证分析畜牧产业链纵向整合的前因后果和微观机制提供理论支撑。

第四章
中国畜牧产业链发展与
纵向整合的特征事实

近年来，我国畜牧业综合生产能力和规模化比重不断提升，成为农业系统的重要支撑点，在改善农业生产结构、提高农民收入中发挥着重要作用（胡浩，2012）。与此同时，居民畜禽产品消费能力不断升级、消费结构不断优化转型、消费需求呈现多元化趋势，我国居民人均主要畜禽产品消费量从1990年的37.8千克增加到2022年的86.1千克①。消费端需求规模的扩大效应会通过产业链各环节依次传递，拉动产业链上核心环节和企业的发展，进而推动畜牧关联产业组织的形成壮大以及产业链一体化发展。因此，整个畜牧产业的发展不应仅看成畜禽养殖行业的发展，而应理解为从产业链上游饲料供应到下游屠宰加工流通等一系列核心环节的协同发展。如何准确分析当前我国畜牧关联产业发展的现状与趋势，引导其实现高质量发展，已成为社会关注和政府关切的重要议题。本章将基于全产业链角度，利用相关统计数据对我国畜牧关联产业发展情况进行全面综合的描述性分析，以期从全国层面和产业层面深入了解畜牧产业链核心环节发展历程以及纵向整合状况，科学研判未来工商资本进入畜牧关联产业的规律和趋势。

本章结构安排如下：第一节介绍我国畜牧产业链饲料加工环节、畜禽养殖环节、屠宰加工环节和畜禽产品消费环节的发展现状，总结发展规律并引出各环节纵向分离的现实问题；第二节以上市企业为样本考察我国畜牧产业链纵向整合状况，回顾部分畜牧龙头企业的产业链整合历程，测算

---

① 主要畜禽产品指猪牛羊肉、禽肉、蛋类、奶类、水产品，数据来源于《中国统计年鉴（1991~2023年）》。

并分析我国畜牧产业链纵向整合程度与变化趋势；第三节为本章小结。

第一节　中国畜牧产业链核心环节发展现状

我国畜牧产业链包含的具体环节与核心企业分布（邓蓉等，2011）如图4-1所示。为便于研究，本书对畜牧产业链环节组成进行了简化处理，主要关注产业链上具有代表性的核心环节，即产前的饲料加工环节、产中的畜禽养殖环节以及产后的屠宰加工环节，每个环节对应的企业包括饲料加工企业、畜禽养殖企业和屠宰加工企业。从产业链的角度来看，工商资本深化不仅促使了各类畜牧产业组织的建立和发展，也直接推动了畜牧关联产业资本密集程度的迅速提高，可见工商资本深化对畜牧产业链整合起到了至关重要的作用。

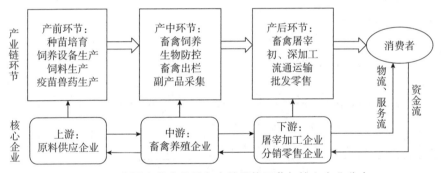

图4-1　我国畜牧产业链包含的具体环节与核心企业分布

一、饲料加工环节

中国2000年、2005年、2010年、2015年、2019年分区域饲料加工企业及产量如表4-1所示，区域横向对比来看，国内饲料加工企业及产能主要分布在华北、东北、华东、华中和华南地区。2019年这五大区域的饲料加工企业数占全国之比达86.98%，饲料产能占全国之比达88.03%，这些区域要么有经济发达的省份，工业基础设施相对完善，要么地处"黄淮海"平原或"镰刀弯"地区，玉米、大豆等饲料粮供给充足，饲料加工企业的生产布局成本相对低廉，饲料加工企业为降低生产成本大多选择在这些区域布局。相较而言，西南和西北地区的饲料加工企业分布及产能布局均较少，尽管西南地区一直以来都是我国重要的畜禽主产区。但从时间纵向对比来看，这二十年来，华北和华中地区的企业数量和产能均在逐渐流失，东北和西北地区虽然饲料加工企业数量逐渐增加但产能逐渐流失，而西南地区在饲料加工企业数量减少的情况下略微增加了产能，在此背景下，华东和华南地区的饲料加工企业及产能分布集中度均在逐渐提高，说明在饲料加工环节资本深化的推动下，企业产能布局逐渐向经济较为发达、工业基础设施相对完善的地区移动。

表4-1 中国2000年、2005年、2010年、2015年、2019年分区域
饲料加工企业及产量全国占比

单位:%

区域	2000年		2005年		2010年		2015年		2019年	
	企业	产量	企业	产量	企业	产量	企业	产量	企业	产量
华北	19.50	16.55	19.05	14.23	17.89	13.49	16.33	11.91	17.36	10.07
东北	12.10	12.90	15.20	13.75	16.44	13.60	12.37	11.07	13.91	9.02
华东	27.59	26.81	26.01	26.27	26.22	27.46	31.74	30.57	31.48	35.04
华中	16.38	15.21	12.61	16.71	13.49	15.83	14.47	15.50	13.84	13.33
华南	4.80	15.31	6.07	15.52	7.26	16.91	10.43	19.27	10.39	20.59
西南	11.56	8.28	13.01	8.41	10.44	8.16	8.72	8.06	8.98	8.86
西北	8.07	4.94	8.05	5.11	8.26	4.55	5.94	3.62	4.04	3.09

资料来源：中国饲料工业协会和布瑞克农业数据库。

表4-2统计了2019年中国各省份饲料加工企业及产能分布情况，可以发现，现阶段国内饲料加工产能过于集中在华东和华南地区，一些重要的畜禽主产地区（如黑龙江、吉林、云南和内蒙古等省份）的饲料年产能供给远无法满足畜禽饲养需求，需要从区域外调运，而一些饲料主产大省（如山东、广东、广西和江苏等省份）的饲料产能又出现明显过剩，并且生猪饲料加工产地集中度明显高于畜禽养殖产地集中度，两者地理距离较远，造成了饲料加工环节与养殖环节的分离。畜禽养殖业是饲料消耗量较大的行业，饲料成本在养殖总成本中占比超过40%，且受新冠疫情影响较往年增幅提高（见表4-3），因而饲料成本增加是养殖成本居高不下的重要

因素之一。整合饲料加工与畜禽养殖这两个产业链环节，可以有效降低饲料成本在总养殖成本中的占比。

表4-2 2019年中国各省份饲料加工企业及产能分布

省份	企业数（个）	饲料产量（万吨）	饲料产量全国占比（%）	省份	企业数（个）	饲料产量（万吨）	饲料产量全国占比（%）
山东	1229	3778.86	16.58	云南	260	457.75	2.01
河北	952	1231.08	5.40	内蒙古	242	378.94	1.66
广东	733	2923.80	12.83	北京	218	155.57	0.68
辽宁	712	1318.86	5.79	江西	204	843.79	3.70
江苏	595	1276.43	5.60	山西	181	347.26	1.52
河南	535	929.90	4.08	陕西	172	268.65	1.18
湖北	441	1091.37	4.79	天津	148	194.53	0.85
四川	430	1036.66	4.55	上海	135	120.25	0.53
湖南	412	1033.77	4.54	重庆	127	307.30	1.35
浙江	395	391.98	1.72	甘肃	93	120.06	0.53
黑龙江	368	345.75	1.52	新疆	86	139.53	0.61
吉林	315	373.10	1.64	贵州	83	227.69	1.00
安徽	299	817.36	3.59	海南	42	286.19	1.26
福建	299	799.43	3.51	宁夏	39	72.43	0.32
广西	267	1508.95	6.62	青海	15	8.18	0.04

注：饲料统计类型包括配合饲料、浓缩饲料和预混合饲料，按照各省企业数量从高到低排序，表中省份不包含西藏自治区和港澳台地区。

资料来源：中国饲料工业协会和布瑞克农业数据库。

表4-3 2020年中国不同规模生猪饲料成本统计

类型	散户		小规模		中规模		大规模	
	年均（元/头）	增长率（%）	年均（元/头）	增长率（%）	年均（元/头）	增长率（%）	年均（元/头）	增长率（%）
饲料成本	966.89	33.08	1009.80	27.48	1044.65	31.42	995.52	32.78
养殖总成本	2375.52	51.34	2507.72	74.71	2546.15	80.84	2469.78	79.76
饲料成本在养殖总成本中占比（%）	40.70		40.27		41.03		40.31	

注：饲料成本包括精饲料费、青粗饲料费和饲料加工费，增长率基期为2018年。

资料来源：《全国农产品成本收益资料汇编2021》。

二、畜禽养殖环节

以生猪养殖业为例，根据改革开放后一些代表性政策文件的出台时间点及产业发展特征，我国生猪养殖业发展历程大致可分为如下阶段：快速恢复阶段(1979~1995年)，这一时期的生猪出栏量大幅增长；平稳发展阶段(1996~2006年)，生猪出栏率所反映的养殖技术进步水平在这一阶段稳步提升；规模转型阶段(2007年至今)，生猪规模养殖户比例快速提高[①]。在这一历史进程中，生猪生产方式同时经历了生产布局、养殖模式和种养关系的转变。如图4-2所示。

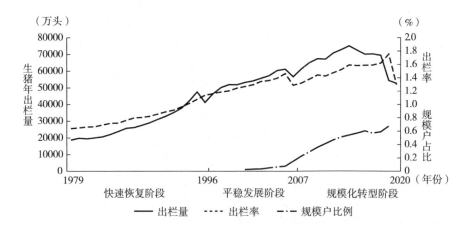

图4-2　改革开放以来(1979~2020年)中国生猪养殖业发展阶段

注：使用出栏率反映生猪养殖技术进步水平，规模户占比使用年出栏500头以上的养殖场(户)数量占全国养殖场(户)总量之比反映。

资料来源：《中国统计年鉴(1981~2021年)》和《中国畜牧兽医年鉴(2002~2021年)》。

(一)养殖模式转变：从庭院式养殖到资本化养殖

在中国原始农业诞生之初，定居农耕和圈养牲畜就已成为农民生产生活的主要方式。《孟子·尽心上》给出的小农家庭生产生活状况为"五母

[①]　中国系统性、大力度的针对生猪规模化养殖的扶持政策始于2007年出台的《国务院关于促进生猪生产发展稳定市场供应的意见》(周晶等，2015)。

鸡，二母彘，无失其时，老者足以无失肉矣"。意即每家五只母鸡，两头母猪，可以满足家庭对动物产品最基本的需要，同时也反映出每家每户都需要圈养牲畜，但饲养数量并不多。在传统的简单商品经济下，由于养殖技术水平和养殖设施落后，分散养殖能够更好地解决劳动力和饲料短缺问题，并且能够提供种植业所需肥料，因而作为农户家庭副业的"庭院式养殖"模式得以延续。改革开放后，受制于养殖雇工机会成本上升、疫病防控压力增加和养殖业环境规制政策趋紧等现实约束，小散养殖户加速退出，养殖业资本深化进程不断加快。2015~2022年，国内生猪养殖龙头企业市场集中度 CR10 由 4.1% 迅速上升至 20.28%（见附录二）。大规模、集约化养殖虽然能够产生规模经济效益、提高生产效率，但通常伴随着较高的环保压力和疫病风险，对饲养过程中的清洁生产和生物安全防控要求极高，其规模经济效益并不能持续增加。因此，养殖模式转变的核心问题上升为如何通过提高养殖户的组织化程度，向产业化和适度规模养殖转变，这一转变是市场机制下畜牧产业分工深化的必然结果，也是国内外养殖产业发展的共同趋势。

规模经营相较于农户分散养殖模式具有多方面的显著优势：一是在成本收益上，规模养殖具备显著的成本优势和技术优势，能够凭借更高的资源配置效率获得更多的规模经济效益。二是在风险应对上，规模化企业具备更强的市场信息收集和处理能力，能够通过更准确的市场行情预测转移和分散风险，从而提高风险承受能力。三是在稳定市场上，组织化程度低的散户往往忽略生猪养殖周期造成生产滞后，进退市场更为频繁，而规模化企业在资产专用性和行业壁垒的约束下，价格短期波动时通常不会随意进退市场，能够更有效地保障生猪市场的稳定性。四是在政府监管上，适度规模养殖可以提高各级政府对生猪生产信息和疫病防疫情况的监测效率，加强对猪肉产品的质量安全监管（宋冬林、谢文帅，2020）。因此，生产组织化转变不仅能够促进中小养殖户生产效率提升和规模效益获取，也使其在获得产品性收入的同时可以分享产业链其他环节的增值收益。

（二）种养关系转变：从种养结合到种养分离

自古以来，畜牧业就是中国大部分地区农家的经营手段之一，在以农耕为主、自给自足的传统农业经营中具有举足轻重的地位。受资源禀赋影响，中国传统农业形成了"种植为主、养殖为辅、种养结合"的生产格局，小农家庭在经营种植业之余，需要发展一定的养殖业。所谓"养猪不挣钱，回头看看田"，小农少量养殖并非只是提供肉食和营利，还可以充分利用种植业副产品甚至一些残羹剩饭作为饲料，并在圈养过程中积肥为农作物提供有机肥料。《养蚕经》对此总结道："岁与一猪，使养之，卖后只取其本，一年积粪二十车……"由此可见，这种农牧结合的生产方式在我国人多地少的传统农业经营格局下，对于维持较高的复种指数和保持土壤肥力有着重要意义（严火其，2019）。

新中国成立初期，受化肥工业生产水平的限制，种植业所需的化学肥料严重短缺，增施农家有机肥料就成为提高种植业单产的有效方法，而圈养生猪等是生产农家有机肥料的重要途径，因此，养殖业成为支撑种植业发展的重要产业。在商品属性方面，生猪养殖业关乎城乡肉食供应和出口创汇，而在生产资料属性方面，这一时期的养殖业也作为肥料来源而备受重视。改革开放后，我国化肥工业生产力水平持续上升，在推动化学肥料逐步取代农家有机肥成为种植业主要肥料来源的同时，也使生猪等大型牲畜的生产资料属性不断弱化、商品属性不断加强。至此，农家有机肥料在农业生产中的地位发生根本性转变，养殖主要目的从积肥转变为交易，种养系统间的关系由紧密结合转变为严重分离。

一方面，规模化养殖场产生的过量粪污处理成本极高，粪污未经处理排放引起周边农田生态系统负荷过载，对空气、土地和水资源等生态环境造成严重污染；另一方面，国内种养结合型农户从 1986 年的 71% 急剧下降到 2017 年的 12%（Jin et al.，2021），2021 年我国畜禽粪污综合利用率仅为 76%（FENG et al.，2023），种养分离引起农牧资源和能量循环率降低，目前畜禽粪污中氮、磷元素的还田率仅为 30% 和 48%（Bai et al.，2016），土壤有机质含量大幅下降导致了农田生态的退化和耕地质量下降，使种植业不得不过量使用化学肥料来增产。最终形成了"畜禽粪便还田率低→土壤有机质减少→土壤肥力下降→大量使用化肥增产→畜禽粪便还田率进一步降低"的恶性生态循环，加剧了生猪养殖与环境保护之间的矛盾，从而引起环保部门的高度重视并投入了大量公共资源，制定了一系列专门的法律法规和政策，形成了养殖业环保风暴（唐莉、王明利，2020）。从最初的养殖积肥到直接废弃再到如今的环保治理，生猪养殖过程中废弃物处理方式的变化，不仅反映了种养关系从种养结合到种养分离的转变，还凸显了由农业生产分工深化所推动的种养分离生产方式的弊端。

（三）养殖布局转变：从自然布局到经济布局

在农家副业性散养生猪为主要饲养形态的情况下，传统养殖布局受自然因素的影响较大。《中国近代农业生产及贸易统计资料》指出，长江流域、东南及西南地区当时饲养了（20 世纪 30 年代）全国 6000 万头生猪中的 4500 万头（许道夫，1983）。至少到 1980 年前后，淮河以南的 14 个省份饲养了全国 70% 的生猪，生猪饲养仍然主要集中在传统主产区域（胡浩等，2005）。改革开放后，受到养殖成本、环境约束和饲料粮种植等因素影响，生猪主产地由自然布局向经济布局转变。劳动成本较低、养殖资源丰富和饲料供应充足的区域拥有了比较优势，猪肉产量曾经排名全国第 2、第 5、第 6 位的江苏、广东、浙江等东部地区的生猪产能大幅下降，河北、辽宁等北方省份以及河南、湖南、云南等中西部省份在生猪产能布局中的地位稳步提升（见表 4-4）。总体来看，在经济和环保等因素的驱动下，生猪养殖布局经历了从集中到分散到再集中的演变过程，呈现从南方向北方地区、从东部向中西部地区转移的趋势。

表 4-4　1979 年、1985 年、1998 年、2012 年、2020 年中国猪肉主产省份
产量占全国之比（ROY）变化

单位：%

1979 年		1985 年		1998 年		2012 年		2020 年	
四川	14.14	四川	15.63	山东	8.70	山东	9.11	四川	9.60
江苏	8.90	江苏	8.32	四川	8.59	河南	8.08	湖南	8.21
湖南	7.29	湖南	7.67	河南	8.06	四川	7.99	河南	7.90
山东	6.86	广东	7.24	湖南	7.38	湖南	6.14	云南	7.09
广东	5.87	山东	6.68	河北	6.58	广东	5.28	山东	6.59
浙江	5.36	湖北	5.27	广东	5.19	河北	5.28	河北	5.52
湖北	5.01	安徽	4.50	江苏	5.19	辽宁	4.99	湖北	4.96
河南	4.99	河北	4.46	安徽	5.03	湖北	4.92	广东	4.68
安徽	4.79	浙江	4.34	湖北	4.56	广西	4.90	辽宁	4.46
广西	3.52	广西	3.75	广西	4.38	安徽	4.74	安徽	4.46
CR10	66.74		67.86		63.67		61.44		63.45

资料来源：《中国统计年鉴（1981~2021 年）》。

"南猪北调、东猪西进"的格局虽然是市场机制下资源再配置形成的结果,但是扩大了生猪主产地与主销地的距离,改变了原有的区域间流通格局,引起了产消环节分离和广域运输的现象(陈瑶生等,2015)。畜禽活体及其产品对运输和储存条件有着较为严苛的要求,广域的活体运输不仅造成了产品损耗与品质下降,并且可能成为非洲猪瘟等重大动物疫病传播的主要途径。除了产消环节的分离,生猪布局转移也造成了生猪养殖与上游饲料环节的分离,如表4-5所示,广东、山东、广西等饲料主产区产能供应严重过剩,而河南、云南、河北等生猪主产区饲料产能相对不足,需要区域外调运。

表 4-5　2019 年中国猪饲料主产省份产量分布

省份	猪饲料产量 (万吨)	猪饲料产量全国占比 (%)	生猪出栏量全国占比 (%)	差额 (%)
广东	928.76	12.12	5.40	+6.72
山东	722.90	9.43	5.84	+3.59
湖南	614.46	8.02	8.85	-0.83
四川	613.54	8.01	8.92	-0.91
广西	592.02	7.71	4.60	+3.11
河南	481.29	6.28	8.27	-1.99
江西	456.89	5.96	4.68	+1.28
湖北	455.34	5.65	5.86	-0.21
辽宁	307.18	4.01	4.12	-0.11
云南	259.20	3.33	6.29	-2.96
江苏	255.03	3.33	3.53	-0.20
福建	226.87	2.96	2.38	+0.58
河北	208.38	2.72	5.73	-3.01
安徽	176.83	2.31	4.21	-1.90
贵州	160.43	2.09	3.08	-0.99
黑龙江	129.32	1.69	3.13	-1.44
吉林	109.47	1.42	2.50	-1.08

资料来源:中国饲料工业协会公开数据和布瑞克农业数据库。

进一步对上述现象从经济学视角进行分析，可以发现当前畜牧业存在明显的效率损失：

一是在畜禽养殖过程中没有实现农牧结合及要素的循环利用，从而造成农业资源配置效率不高，存在着外部不经济的状况；二是包括环保治理、稳产保供和屠宰加工在内的生猪产业政策多变，致使生产者疲于应付而产生政策疲劳，长期被动防御引起执行混乱，无法确保政策的执行效率；三是畜禽产消环节严重分离，不仅放大了市场风险和交易成本，也造成市场价格的大幅波动以及生产者及消费者福利的下降（张利庠等，2020）；四是随着畜禽养殖规模的不断扩大，单位生产成本遵循先下降后上升的规律，一味地扩大饲养规模不仅无法持续获得规模效益，还造成消费市场上猪肉产品单一化的局面；五是从商品猪的饲养结构来看，即使洋三元猪种的饲料报酬率较高，但综合考量现有饲养结构对地方多样的饲料资源的利用率低下、消费升级后的有效供给不足等因素，难言现有的饲养结构是高效及可持续的（胡浩等，2022）。

三、屠宰加工环节

表4-6统计了2014~2021年中国各区域规模以上定点屠宰加工企业分布及产能占比（不包含2018年和2020年数据）。从区域横向对比来看，国内屠宰加工企业及产能主要分布在华东、华中、华南和西南地区，2021年这四大区域的屠宰加工企业数占全国的比重达72.57%，屠宰产能占全国之比达78.19%，这些区域要么有经济发达省份，工业基础设施相对完善，要么是畜禽主产地交通枢纽，屠宰加工企业的生产布局成本相对低廉，而北方区域的屠宰加工企业及产能布局相对较少，尽管北方部分区域如东北地区是畜禽养殖的主产区。从时间纵向对比来看，2014~2021年华北和东北地区的屠宰加工企业数量逐渐增加但产能却逐渐流失，西北地区则在屠宰加工企业数量减少的情况下增加了产能，而西南地区的屠宰加工企业和产能在逐渐流失后有所回升，主要是由于西南地区仍是我国重要的畜禽主产区。未来，国内屠宰加工企业及产能分布可能仍会逐渐向华东、华中和西南地区集中，说明在屠宰加工环节资本深化的推动下，企业为了降低成本，产能布局逐渐向经济较为发达、工业基础设施相对完善的地区移动。

表 4-6 2014~2021 年中国各区域规模以上定点屠宰加工企业及
产能占比 (不包含 2018 年和 2020 年数据)

单位:%

区域	2014 年		2015 年		2016 年		2017 年		2019 年		2021 年	
	屠宰企业	生猪屠宰量	屠宰企业	生猪屠宰量	屠宰企业	生猪屠宰量	屠宰企业	生猪屠宰量	屠宰企业	生猪屠宰量	屠宰企业	生猪屠宰量
华北	11.61	10.11	8.04	11.64	6.40	9.05	12.40	9.38	9.20	9.82	8.50	8.48
东北	8.35	8.08	8.75	8.24	5.33	6.90	9.63	6.83	6.65	7.93	13.34	8.84
华东	27.15	35.77	27.55	33.89	25.39	34.88	24.83	35.51	27.60	34.45	18.47	28.54
华中	11.77	12.71	15.42	12.54	13.90	13.38	13.58	13.87	14.33	14.72	14.15	15.91
华南	15.26	14.53	16.14	15.49	17.30	18.54	17.20	20.48	18.82	17.88	11.90	18.57
西南	19.04	15.86	18.73	15.22	24.60	13.76	17.62	10.24	18.44	12.01	28.05	15.17
西北	6.83	2.94	8.68	2.98	7.09	3.50	4.74	3.70	4.94	3.18	5.59	4.49

资料来源:《中国畜牧兽医年鉴(2015~2022 年)》。

然而,屠宰加工产能布局与畜禽养殖产地布局移动及其背后的成因并不一致。具有丰富养殖资源禀赋的畜禽主产区主要集中在中西部地区和东北地区。但相对而言,这些地区经济欠发达、工业基础设施并不完善,难以具备与之相匹配的屠宰产能,如四川、河南、湖南、湖北、云南、江西、贵州等省份。而大多数屠宰加工企业为了降低成本,产能分布偏好于发达省份,但这些省份往往是畜禽产品主销区而非主产区,如江苏、浙江、福建、北京、天津等省份,使国内屠宰产能主要分布在主销区而非主产区,从而造成了屠宰加工环节与畜禽养殖环节的分离。表 4-7 统计了 2021 年中国各省份定点屠宰加工企业及产能分布情况,对比各省份畜禽实际出栏量和屠宰量可以发现,当前我国屠宰产能在各产区之间的分布较为不均。由于畜禽出栏后受到短距离运输、活体定点屠宰的约束,畜禽主产地与屠宰地之间不能相隔太远,且流通环节是我国动物疫病防控的薄弱点,销地集中屠宰和广域活体运输不仅加速了疫病的传播,还严重影响了猪肉质量安全。此外,屠宰加工企业过于向经济发达的畜禽主销区集中,且集中度远高于养殖产地集中度,导致目前畜禽主产区屠宰加工产能不足而主销区屠宰加工产能过剩。2019 年,全国屠宰产能平均利用率仅为 25.7%(朱增勇等,2020),引起各大屠宰加工企业大幅压缩屠宰产能,反映出我国屠宰加工环节与畜禽养殖环节的分离。

表 4-7　2021 年中国各省份定点屠宰加工企业及产能分布

省份	生猪屠宰量（万头）	屠宰量全国占比（%）	生猪出栏量全国占比（%）	差额（%）
广东	3886.97	13.21	4.97	+8.24
山东	3051.50	10.37	6.56	+3.81
四川	2233.45	7.59	9.41	-1.82
河南	2098.17	7.13	8.64	-1.51
江苏	1736.48	4.88	3.29	+1.59
河北	1578.14	5.36	5.08	+0.28
湖南	1425.08	4.84	9.12	-4.28
广西	1347.70	4.58	4.64	-0.06
浙江	1167.69	3.97	1.15	+2.82
安徽	1162.97	3.95	4.17	-0.22
湖北	1157.23	3.93	6.13	-2.20
黑龙江	1046.19	3.56	3.32	+0.24
辽宁	991.75	3.37	4.25	-0.88
云南	928.99	3.16	6.25	-3.09
江西	823.27	2.80	4.34	-1.54
重庆	802.78	2.73	2.69	+0.04
福建	721.46	2.45	2.31	+0.14
陕西	585.58	1.99	1.83	+0.16
吉林	563.62	1.92	2.61	-0.69
贵州	496.83	1.69	2.76	-1.07
山西	467.31	1.59	1.68	-0.09
甘肃	356.42	1.21	1.26	-0.05
新疆	289.85	3.93	0.99	+2.94
内蒙古	269.43	0.92	1.21	-0.29
海南	227.89	0.77	0.57	+0.20
天津	127.98	0.44	0.30	+0.14
宁夏	52.55	0.18	0.17	+0.01
北京	52.48	0.18	0.05	+0.13
青海	36.52	0.12	0.11	+0.01
上海	31.05	0.11	0.13	-0.02
西藏	1.34	0	0.02	-0.02

注：按照各省份屠宰产能从高到低排序，表中省份不包含港澳台地区。

资料来源：《中国畜牧兽医年鉴（2022）》。

四、畜禽产品消费与流通环节

自改革开放以来(1979～2020年)我国主要畜禽产品人均消费情况如图4-3所示。从我国畜禽养产品增长趋势来看,肉类比重整体呈下降趋势,蛋类比重基本稳定,乳类比重大幅上升;肉类中,禽肉比重明显上升,猪肉比重有所下降,牛羊肉比重在逐渐提高。从肉类消费量来看,人均猪肉消费量在所有畜禽产品中居首位,由1979年的9.66千克上升到2020年的18.2千克,其间受到动物疫情和环保政策的影响,猪肉市场价格波动加剧导致人均猪肉消费量也有所降低,在肉类总体消费中占比从1979年的87.42%下降到2020年的48.54%;人均禽肉消费量在肉类消费中仅次于猪肉但增长速度最快,由1979年的0.57千克上升至2020年的12.7千克,增长了约21倍;牛羊肉消费量长期在所有畜禽产品消费中处于较低水平,人均消费量仅由1979年的0.82千克上升到2020年的3.5千克。其他畜禽产品消费中,奶类是第二大消费品种,人均奶类消费量从1990年的4.63千克上升至2020年的13千克,但2008年受到国内乳制品安全事件的影响,人均奶类消费量出现了多次较大幅度的下滑;蛋类消费

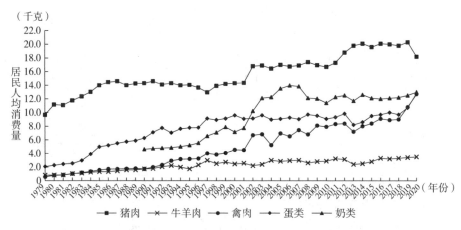

图4-3 改革开放以来(1979～2020年)我国主要畜禽产品人均消费情况

注:居民人均奶类消费量数据自1990年开始统计;1993～2012年统计数据为居民人均购买量,1993年前和2012年后统计数据为居民人均消费量,这里对1993～2012年人均购买量数据进行折算与人均消费量数据接驳。

资料来源:《中国统计年鉴(1980～2021年)》。

增长也较为迅速，人均消费量从 1979 年的 2.08 千克上升到 2020 年的 12.8 千克，增长了约 5 倍。从消费结构来看，虽然猪肉在所有畜禽产品消费中的占比逐渐下降，但仍然维持在 50% 左右，其消费主体地位并未发生改变，其他畜禽产品特别是禽肉和蛋、奶类的消费占比则大幅攀升，其中禽肉和蛋类消费在所有畜禽产品消费中的占比在 2020 年均上升至 18% 以上，奶类消费占比超过 21%。

　　畜禽产品消费总量增长以及消费结构转变反映出，我国畜牧业高质量发展不仅要考虑居民对于优质特色畜产品需求的快速增长，也要关注畜产品需求结构和消费习惯的转变。随着居民收入水平和消费能力的提升，畜禽产品市场消费结构出现了新趋势。一是消费习惯具有区域化特点，中国饮食结构的区域差异巨大，悠久的农耕文明积淀伴生出的饮食习惯使地方特色畜禽产品更符合本地市场消费需求，如瘦肉率高、脂肪率低的猪种比较适合东部发达地区的城市消费偏好，而瘦肉率低、脂肪率高的猪种比较适合西南地区的烹饪和腌制需求，更多的消费者认可传统畜禽品种的色香味及其饮食文化的独特魅力；二是消费需求呈现多样化趋势，物质生活条件改善和消费结构升级对畜禽产品供给提出新要求，居民畜产品消费观念由"饱腹"升级为"安全""营养""味美""特色"，优质特色产品的市场需求增加，畜禽产品的安全、优质和差别化是大势所趋。为更好满足居民日益增长的美好生活需要，特色优质多元化的畜禽产品正面临着广阔的消费市场（于法稳等，2021）。

　　在畜禽产品消费结构升级的背景下，由于畜禽产品供给特点和产业分工的不断深化，畜禽养殖主产区与主销区正呈现逐渐分离的态势。表 4-8 对比了 2020 年中国各省份猪肉产量占比与消费总量占比，从供需区域格局来看，2020 年广东、江苏和浙江等主销省份的猪肉消费量占全国的比重分别达到 12.77%、5.97% 和 5.03%，但并非生猪主产地，区域内猪肉产量远低于市场消费总量，且产量占全国的比重（ROY）在逐年下降，两者差距有不断扩大的趋势；而湖南、河南、云南和河北等主产省份的市场消费总量远不足以消纳区域内猪肉产量，从而造成了产消分离①的格局。这意味着生猪主产地要对接主销地的消费市场才能消纳区域内的剩余产

---

　　① "产消分离"是指主产地与猪肉消费区域之间的市场分割，强调的是主产地及对应的消费区域。

能，生猪主销地则需从主产地大量调运生猪或猪肉才能满足区域内的市场消费。而流通环节恰恰是动物疫病防控的薄弱点，销地集中屠宰和广域活体运输不仅加速了疫病的传播，还严重影响了产品质量安全。目前中国肉类加工、流通环节劣质肉发生率较高，一直维持在 8%~10%（朱增勇等，2020），严重影响了市场供应的安全稳定以及居民的消费信心。造成上述问题的原因除了前文提到的产消环节分离，产业链流通环节的整合也十分重要。以猪肉为例，国内消费市场长期对于热鲜肉的消费偏好，从而造成冷鲜肉产量增长较为缓慢，冷鲜肉产量占猪肉总产量比重长期维持在 55% 左右且波动幅度较大（见图 4-4）。而欧美、日本等发达国家冷鲜肉消费比重高达 90%。由于冷链物流门槛偏高、国内冷链流通体系尚未完善，目前

表 4-8　2020 年中国各省份猪肉产量占比与消费量占比

省份	消费量占比（%）	产量占比（%）	差额（%）	省份	消费量占比（%）	产量占比（%）	差额（%）
广东	12.77	4.68	+8.09	辽宁	2.73	4.46	-1.73
四川	9.12	9.60	-0.48	黑龙江	1.85	3.50	-1.65
江苏	5.97	3.42	+2.55	上海	1.85	0.17	+1.68
湖南	5.87	8.21	-2.34	内蒙古	1.71	1.49	+0.22
浙江	5.03	1.32	+3.71	陕西	1.62	1.89	-0.27
山东	4.90	6.59	-1.69	吉林	1.33	2.55	-1.22
云南	4.54	7.09	-2.55	山西	1.32	1.53	-0.21
江西	4.38	4.39	-0.01	北京	1.30	0.04	+1.26
湖北	4.34	5.52	-1.18	甘肃	1.16	1.20	-0.04
安徽	4.30	4.46	-0.16	天津	0.76	0.37	+0.39
广西	4.04	4.23	-0.19	海南	0.66	0.51	+0.15
河南	3.98	7.90	-3.92	新疆	0.34	0.91	-0.57
河北	3.75	5.52	-1.77	青海	0.19	0.09	+0.10
重庆	3.73	2.65	+1.08	宁夏	0.16	0.19	-0.03
贵州	3.35	3.56	-0.21	西藏	0.10	0.02	+0.08
福建	3.12	2.52	+0.60				

注：各省份猪肉消费量根据各省份当年人均消费量×人口总数估算，按照各省份消费量全国占比从高到低排序；表中省份不包含港澳台地区。

资料来源：《中国统计年鉴（2021 年）》。

仅有一些农牧龙头企业具备构建全环节冷链物流的实力；同时，国内消费者长期对于热鲜肉的偏好，也造成了热鲜肉在肉类消费市场占比一直居高不下，增加了畜禽活体运输的总量，带来了冷链物流体系覆盖以及流通环节整合的困难。畜牧产业链核心环节分离的格局不仅引起畜禽产品供需的区域性失衡，还由于供应链冗长及价格传导中可能存在的放大效应，可能会加剧市场价格波动幅度。

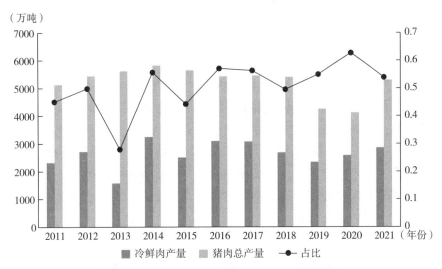

图 4-4　2011~2021 年中国冷鲜猪肉发展情况

资料来源：布瑞克农业数据库。

第二节　中国畜牧产业链纵向整合现状

一、中国畜牧龙头企业纵向整合历程与模式

（一）纵向整合历程

我国农业龙头企业纵向整合的发展是伴随着农业产业化以及土地规模

化经营进行的。从时间节点来看，龙头企业进入产业链的时间点大致发生在20世纪八九十年代，是从改革开放初期的乡镇农业企业逐步发展起来的，这与政府鼓励工商资本进入农业的起始时间点相吻合；而龙头企业主导的产业链纵向整合在2000年以后才得以迅速发展，这一时期政府出台了一系列政策文件，进而引导工商资本投资农业的产前和产后服务环节，而且龙头企业经营边界还可以向产业链其他环节扩张；直至2018年"乡村产业振兴"正式提出，国内农业产业化经营由此兴起并迅速发展。根据一些代表性政策文件的出台时间，农业龙头企业纵向整合的发展历程具体可分为以下四个阶段：

1. 早期萌芽阶段（1978~1995年）。

工商资本进入农业始于20世纪80年代中期的东部发达地区和大城市郊区，主体是乡镇企业，模式包括"农工商综合体"和"产加销一条龙"等形式，各地开始涌现出一些依靠规模化经营、企业与农户自发联合取得成功的例子，如"温氏股份"的前身"广东新兴县勒竹鸡场"就在1986年成功签约了第一个合作养殖户，此后便开启了"公司+农户"的养殖环节整合模式。这一时期的企业规模和资本实力均较小，企业与农户之间的联结机制是自发达成且较为松散的。

2. 摸索发展阶段（1996~1999年）。

到了20世纪90年代中后期，为扭转长期以来我国农业部门对非农部门资本净流出、资本和劳动力要素关系高度扭曲、农业部门生产力严重滞后等困境，政府对土地流转的态度从禁止转为默许，这为大量社会资本进入农业提供了条件。这段时期是农业企业发展最快的时期，在沿海地区和一部分经济发达地区，龙头企业成为产业化经营的主要类型，《中国农村统计年鉴》显示，龙头企业带动产业化组织由1996年0.54万家增长到1999年接近2万家，成为农业产业化的主要带动主体。但由于政府没有完全明确放开土地流转权，土地规模化经营受一定限制，企业的整合能力有限（王志刚、张哲，2011）。

3. 快速发展阶段（2000~2017年）。

中共十五届五中全会提出，要把产业化经营作为推动农业现代化的重要途径，鼓励和支持农业产业化龙头企业带动农户进入市场，形成利益共享、风险共担的产业化组织形式和经营机制。原先投资农业的工商资本逐渐成长为龙头企业，其规模、实力及对农业的影响也逐渐扩大。2000年

10月，以原农业部、国家发展和改革委员会为主的八部委下发《关于扶持农业产业化经营重点龙头企业的意见》，首批选择了151家国家重点龙头企业，各省共确立了800多家省级龙头企业。特别是在2008年由原农业部和商务部牵头实行的"农超对接"工程，将农户与超市等工商企业直接连接，快速推动了农业产业链纵向整合的发展。这一时期龙头企业主要通过大面积、长时期租用农地，以契约的方式与小农户建立紧密型利益联结机制，形成了以龙头企业为主、多种主体为辅的产业链纵向整合经营模式，有效提升了农民组织化程度。

4. 全面发展阶段(2018年至今)。

随着《乡村振兴战略规划(2018—2022年)》的正式颁布实施，以工商资本打头阵的乡村产业振兴进入关键阶段，政府开始大规模引导工商资本参与农业产业化。从政策层面来看，引导工商资本进入农业已成为当前推进乡村产业振兴的重要着力点，历年中央"一号文件"多次明确指出"支持农业龙头企业通过兼并、收购、重组和控股等方式组建大型企业集团""引导工商资本到农村发展适合企业化经营的种养业"，逐渐形成了多元化、多层次、多形式的产业化经营服务体系。从产业层面来看，龙头企业是推进农业产业化的核心载体，在一定程度上增强了农户抵御市场风险的能力，有效克服了小规模分散经营的弊端，提高了农户组织化程度。在带动农户增收方面的贡献更是有目共睹的，截至2018年底，全国县级以上农业产业化龙头企业达8.7万家，国家重点龙头企业达1243家，形成的各类农业产业化组织辐射带动1.27亿户农户，户年均增收超过3000元(马少华，2020)。因此，农业企业的发展不仅是政府扶持和自身努力的结果，也与农户或产业链其他经营主体之间的整合方式密切相关。

(二)纵向整合模式

畜牧上市公司往往是大型集团，其产业链由子公司、合作方等相关主体构成，它们根据集体统一规划进行纵向一体化经营，在不同业务链条一体化的模式各不相同。就畜牧上市公司的情况来看，纵向整合模式主要包括投资自建、兼并收购、合资关系、特许经营、隐含契约以及合同关系。其中，投资自建与兼并收购都是拥有控制权的纵向整合模式，属于完全一体化，其他模式的约束力则稍弱属于非完全一体化。不同的纵向整合模式紧密程度不同，带来的风险成本也各有差异，畜牧企业可以根据自身发展阶段选择最合适的模式。

1. 完全纵向一体化模式

在完全一体化模式中,产业链中核心主体将相关环节的业务单元通过投资自建或兼并收购的方式纳入企业的同一控制下,通过产权联合的方式实现一体化的联结。在此模式下,畜牧企业通常通过设立子公司的方式分别进行粮食贸易或种植、饲料加工、育种、养殖、屠宰加工厂、销售平台等业务,在母公司的全局筹划下形成一个紧密联合的体系。完全纵向一体化模式适用于资产专用性较高,投资较少,回收期较短的畜禽品种,多见于鸡、鸭等禽类生产企业。而对于投入较大、回收期长的牛、羊养殖业则出现较少。完全纵向一体化将面临资金周转的负担,以及过长回收期带来的风险。此外,得益于完全纵向一体化经营对食品安全的有效控制,这种模式还较多地出现在大型畜牧食品集团,如双汇、雨润等,这些龙头企业纷纷建立了自己的养殖场。

2. 非完全纵向一体化模式

非完全纵向一体化模式是指上下游产业之间通过合同契约、特许经营、战略联盟等方式联系起来,为了共同目标而合作。这种模式结合的紧密程度较完全纵向一体化更为松散,这种方式成本风险相对更低、更为灵活,给企业多样性的选择,不会因为规模的扩大加重管理成本,在一定程度上可以约束合作方的行为,但还是有机会主义的存在。我国的畜牧业产业化发展的时间不长,许多畜牧企业存在规模较小,技术水平低,资金实力不强,缺乏纵向一体化经营的关键资源等问题,因此往往会选择非完全纵向一体化的模式,以较低成本实现产业链拓展。此外,即使是全国重点畜牧业龙头企业,由于某个环节的生产能力或技术水平所限,还是存在以这一模式进行畜牧产业价值链的延伸。"公司+农户"是非完全纵向一体化中的典型模式,公司通过合同或契约的形式与农户合作,形成优势互补、风险共担、收益共享的措施。一方面,企业可以获得较高的投资回报率,在一定程度稳定供应销售,实现低成本扩张;另一方面,农户通过与企业的合作能够实现收入增长,带动区域的经济增长,受到政府的大力扶持。

3. 两种纵向整合模式对比

结合产业组织理论与交易费用理论对两种整合模式进行分析,如表4-9所示。不难发现,完全纵向一体化组织模式中产业链上下游联系紧密,经营更为稳定,有利于专用性资产的投资,能够很好地降低企业生产成本，使公司加强了对各环节的控制力度，并得以通过内部安排有效降低协调成本，同时能很好地对整个产业链生产进行监督、管理、追溯，保证了产品质量，有利于自身品牌的打造。此外，这种产权的联接模式在收入分配上更为公平，通过母公司的统筹规划使整个系统的整体利润更佳。相比之下，以上这些都是非完全纵向一体化所欠缺的，但是在资金不雄厚的情况下非完全纵向一体化模式能够帮助公司实现低风险的快速扩张，且经营方式更为灵活，对管理水平的要求也不高，对各环节的积极性可以很好地被调动（金芳民，2016）。然而在具体实践中，畜牧企业往往根据自身情况采取两者混合的纵向一体化模式，以求最大化优势和最小化劣势，最终达到提高整体绩效的目的。

表4-9　畜牧产业链纵向整合模式优劣对比

优势与劣势	完全纵向一体化	非完全纵向一体化
优势	增加专有资产投资、提高规模效益、降低生产成本	前期投入较少、风险低、易于快速扩张
	企业控制力较强、协调成本低	组织成本和内生交易费用较低
	生产环节把控严格、产品质量和标准化程度较高	经营方式灵活
	产权明晰、利益分配合理	有利于提高合作养殖户的生产积极性
劣势	前期投入较大、风险较高	组织结构松散，合作不确定性较高
	难以短时间内实现规模快速扩张	各方参与主体协调难度增加，机会主义盛行
	对基层养殖人员的生产激励不够	产品质量和标准化难以保障
	企业组织成本和内生交易费用高	利益分配公平性和效率难以兼顾

二、产业链纵向整合程度测算

纵向整合是指企业控制产业链上下游环节，将上下游企业间交易内化为企业内部的生产和管理活动，具体到农业领域则通常是指在某个环节龙头企业的主导下，将农产品产前和产后各环节整合成畅通、统一、协调的整体（廖祖君、郭晓鸣，2015）。为反映畜牧产业链纵向整合的深化程度，需要测度畜牧产业链纵向整合程度以及畜牧企业的前向整合和后向整合程度。根据叶云等（2015）的划分，前向整合是指产业链上相关主体向其下游进行整合，即产品销售渠道的整合；后向整合是指产业链上相关主体向其上游进行整合，即原材料供应渠道的整合。

科学衡量纵向整合程度是进行相关实证研究的前提条件，但由于企业内部生产和市场交易的数据很难获得，许多衡量指标一直存在争议。本部分借鉴了目前应用最为广泛的测度方法（Acemoglu et al.，2009；Fan et al.，2017；战相岑等，2021）。首先，识别样本企业所处产业链环节，在本书中需要识别畜牧企业处于产业链上游饲料加工环节、中游畜禽养殖环节还是下游屠宰加工环节，一般以企业中主营业务收入占比最大的产业链环节来确定：将企业营业收入占比最大的环节定义为企业的主营业务环节 i，其他环节 j 为上下游辅助环节（卢闯等，2013），并计算辅助环节 j 的营收占所有辅助环节总营收的比重 w_j。其次，根据《全国投入产出表（2018）》测算企业主营业务环节与上下游辅助环节之间的投入产出系数，计算出环节 i 的单位产出所需的其他环节 j 的投入 ζ_{ji}，以及其他辅助环节 j 的单位产出流入主营业务环节 i 的数量 ζ_{ij}，定义：

$$Mean_{ij, input} = \frac{\zeta_{ji} + \zeta_{ij}}{2} \qquad (4-1)$$

式（4-1）反映了企业的主营业务环节 i 与其上游辅助环节 j 之间后向整合的机会（如畜禽养殖企业是否有可能向饲料加工环节整合原料供应渠道）。

然后再计算出主营业务环节 i 的单位产出流入其他辅助环节 j 的数量 ξ_{ji}，以及其他辅助环节 j 的单位产出所需主营业务环节 i 的投入 ξ_{ij}，定义：

$$Mean_{ij, output} = \frac{\xi_{ji} + \xi_{ij}}{2} \qquad (4-2)$$

式（4-2）反映了企业的主营业务环节 i 与其下游辅助环节 j 之间前向整合的机会（如畜禽养殖企业是否有可能向屠宰加工环节整合产品销售渠道）。

最后，根据式（4-1）和式（4-2）得到的投入产出系数，以及企业内部各辅助部门营收占比 w_j，构建企业后向整合程度和前向整合程度的衡量指标。

$$V_{Back} = \sum_{j, j \neq i}^{n-1} w_j Mean_{ij, input} \qquad (4-3)$$

$$V_{Forward} = \sum_{j, j \neq i}^{n-1} w_j Mean_{ij, output} \qquad (4-4)$$

式(4-3)和式(4-4)分别度量企业主营业务环节与其上下游辅助环节之间的后向和前向整合程度。其中，w_j 为上下游辅助环节 j 的营收占所有辅助环节总营收的比重，若环节数 $n=1$，则纵向整合程度 V 取值为0。

在同一条产业链中，无论是环节 i 的单位产出需要其他环节 j 的投入 $Mean_{ij,input}$，还是环节 i 的单位产出流入其他环节 j 的数量 $Mean_{ij,output}$，都意味着有机会将环节 i 和 j 整合到企业内部，因而该环节所在产业链纵向整合程度应当取其中企业整合程度的最大值来反映，据此构建产业链纵向整合程度的指标：

$$V = \sum_{j,\ j\neq i}^{n-1} w_j \max(Mean_{ij,\ input},\ Mean_{ij,\ output}) \qquad (4\text{-}5)$$

三、畜牧企业纵向整合程度分析

根据上述方法计算得到的2008~2019年畜牧产业链纵向整合程度变化情况如图4-5所示。

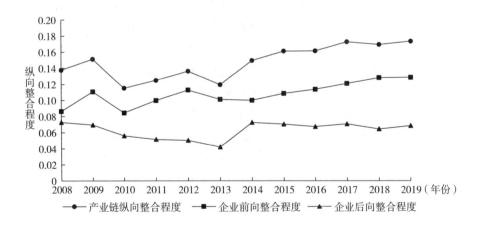

图4-5　2008~2019年畜牧产业链纵向整合程度变化情况

总体来看，畜牧产业链纵向整合程度大致呈现波动上升的趋势，从2008年的0.1377上升至2019年的0.1734，但总体整合程度仍然较低(不超过0.2)。

从整合方向来看，大部分样本企业都选择不同程度的向前或向后整合，但也在个别时间段特别是原材料获取渠道中出现了纵向分离，相较而言，畜牧企业前向整合程度总体上高于后向整合程度，说明上市畜牧企业更倾向于前向整合，即整合产业链上的产品销售渠道；值得注意的是，2009~2010年畜牧产业链纵向整合程度出现了一次明显的下降，从2009年的0.1513下降到2010年的0.1151，且主要是由企业前向整合程度下降导致的，说明在这一时期内，企业的产品销售渠道发生纵向分离致使产业链总体纵向整合程度下降。其原因可能是受到了国内畜牧产品质量下降和食品安全事件的影响。2009年前后，"瘦肉精""三聚氰胺"等重大食品安全事件被曝出，国内多家畜牧企业被查，消费者对于国内畜牧企业产品的信任度严重下滑，大量外资企业趁机扩大在华市场的规模，国内部分畜禽产品消费市场和渠道被外资企业渗透，行业市场集中度呈下降趋势，畜牧产业链特别是产品销售渠道发生纵向分离。2009年后，政府对畜禽产品市场监管力度加大，一系列产业政策的出台推进了畜牧产业链重组整合，畜牧产业链纵向整合程度和企业前向整合程度自2010年起再次呈现上升趋势。

从时间跨度来看，2014年之前，无论是畜牧产业链纵向整合程度，还是畜牧企业前向整合，都维持在较低水平且波动幅度较大，且后向整合程度甚至在不断下降，从2008年的0.0727下降到2013年的0.0419，呈现后向分离的趋势；2014年之后转而呈现纵向整合的趋势，三者均有不同程度的上升，其中，畜牧产业链纵向整合程度上升幅度最大，从2013年的0.1194上升到2019年的0.1734，企业前向整合程度由2013年的0.1012上升到2019年的0.1284，企业后向整合程度由2013年的0.0419上升到2019年的0.0685。其上升原因可能在于，2014年是国内养殖业环境规制强度由低变高的"分水岭"，国务院和各部委相继出台了以《畜禽规模养殖污染防治条例》为代表的一系列关于畜禽养殖污染防治的环境政策法规，环境规制强度自此不断提高。外部环境的巨大压力倒逼国内畜牧企业转型升级，行业门槛提高导致成本上升，大量竞争力不够的小型畜牧企业纷纷被市场淘汰，而经过激烈市场竞争存活下来的基本都是大中型畜牧龙头企业，推动了行业内市场集中度进一步提升以及畜牧产业链纵向整合深化。

2008~2019年中国畜牧产业链不同环节纵向整合程度的时序变化如表4-10所示。从产业链核心环节变化趋势来看，不同环节畜牧企业纵向整合程度与方向均表现出明显差异。2008~2019年，上游饲料加工企业的前向整合程度呈递增趋势，由2008年的0.0684上升至2013年的0.1707；后向整合程度波动下降，且前向整合程度均值远高于后向整合程度，说明饲料加工企业更多的是向前向整合，即整合产业链上的产品销售渠道；下游屠宰加工企业则恰好相反，后向整合程度呈递增趋势，由2008年的0.0864上升至2013年的0.1284，前向整合程度波动下降，且后向整合程度均值远高于前向整合程度，说明屠宰加工企业更多的是向后向整合，即整合产业链上的原料供应渠道；而中游畜禽养殖企业的前向整合程度和后向整合程度均呈现波动上升趋势，且前向整合程度均值远高于后向整合程度，其中，前向整合程度由2008年的0.2149上升至2019年的0.2291，后向整合程度由2008年的0.0027上升至2019年的0.0876，说明畜禽养殖环节的企业具有较强的整合倾向，同时向产业链上下游扩张其边界，以保障畜禽养殖过程中饲料供应渠道以及畜禽出栏后活体销售渠道的稳定性，这也与畜禽养殖行业的固有特性和现实情况相符。

表4-10　2008~2019年中国畜牧产业链不同环节纵向整合程度的时序变化

年份	上游饲料加工环节		中游畜禽养殖环节		下游屠宰加工环节	
	企业前向整合程度	企业后向整合程度	企业前向整合程度	企业后向整合程度	企业前向整合程度	企业后向整合程度
2008	0.0684	0.0022	0.2149	0.0027	0.0727	0.0864
2009	0.0963	0.0002	0.2500	0.0043	0.0694	0.1107
2010	0.0581	0.0002	0.1795	0.0057	0.0560	0.0844
2011	0.0941	0.0003	0.1918	0.0081	0.0515	0.0998
2012	0.0858	0.0003	0.2317	0.0131	0.0503	0.1128
2013	0.0807	0.0031	0.2026	0.0197	0.0419	0.1012
2014	0.1033	0.0024	0.1911	0.0188	0.0725	0.1000
2015	0.0998	0.0024	0.2423	0.0215	0.0704	0.1085
2016	0.1197	0.0019	0.2465	0.0293	0.0673	0.1136
2017	0.1442	0.0016	0.2395	0.0439	0.0707	0.1209
2018	0.1586	0.0014	0.2321	0.0620	0.0644	0.1280
2019	0.1707	0.0016	0.2291	0.0876	0.0685	0.1284
变化趋势	﹀﹀	﹀	﹀﹀	﹀	﹀	﹀

第三节　本章小结

本章基于产业层面回顾了我国畜牧产业链核心环节的发展以及其中的龙头企业纵向整合历程，并介绍了纵向整合程度的测算方法，据此测算了2008~2019年中国畜牧产业链纵向整合程度并分析了变化规律，主要结论如下：

第一，当前国内畜牧产业正面临生物安全和环保政策等多重风险叠加的复杂局面，产业结构产生了一系列深刻的变化，从供给侧来看，主要表现为以下几个方面：一是主产地布局变迁，"南猪北养、东猪西进"的格局成为现实；二是养殖规模化进程加速，零散的农户庭院养殖被规模化的资本养殖所替代；三是生产组织重构，大量工商资本进入畜牧关联产业，出现了不同的生产组织模式，畜牧企业开始实施纵向整合战略；四是畜牧产业链饲料加工环节、畜禽养殖环节、屠宰加工环节与畜禽产品消费环节等核心环节的分离，放大了产业链各环节的市场风险、增加了市场交易成本，产消分离下产业资源配置效率不高。

第二，在供给端发生以上变化的同时，畜禽产品需求端也呈现若干趋势。首先是随着物质生活条件改善，居民对牛羊禽肉的消费逐渐增加，再加上受到非洲猪瘟等疫情影响，居民对猪肉产品安全信心影响到消费行为；其次是尽管猪肉消费比重有所下降，但消费升级引起猪肉产品的差别化、多样化兴起，安全优质的畜禽产品需求增加；再次是由于城镇化的进展，城市消费群促进了畜禽产品消费的集中，加上冷链物流技术的进步，冷鲜肉消费比重有所增加。因此，消费端也要充分发挥大型龙头企业的作用，大力扶持企业参与构建地方特色畜产品产业链，打通从地方良种繁育端到特色畜产品品牌建立端再到消费端的链条，并根据全国不同区域消费偏好建立特色畜产品优质优价的市场消费体系，积极引导消费者在选择购买畜产品时优先关注品牌产地、品种差别以及零售形态与技术。

第三，此外，饲料资源和良种繁育环节对当前畜禽生产布局的制约十分明显。一方面，应加快饲料加工企业向主产区域布局产能，就地满足主产区域的饲料粮需求，降低饲料运输成本，保障饲料加工企业在畜禽主产区域的原料供应；另一方面，还要引导龙头企业积极参与良种繁育体系建设。在畜牧产业链纵向一体化、产品同质化竞争日趋激烈的背景下，拥有雄厚资本和技术水平的龙头企业虽具备进入良种繁育市场的实力与动机，但由于良种繁育技术的特殊性，现阶段包括龙头企业在内的社会资本对于良种繁育市场的参与度仍然较低。建议在政府主导型保护模式的基础上，引入相应的市场机制，促进社会资本、科研机构和市场等多方共同参与，构建"市场导向、政府扶持、企业参与"的商业化模式。

第四，近年来，我国畜牧产业链纵向整合程度大致呈现波动上升的趋势，但仍处于较低的整合水平。从整合方向来看，畜牧企业的前向整合程度高于后向整合程度，即更倾向于整合产业链上的产品销售渠道；从时间跨度来看，受国内养殖业环境规制政策的影响，2014 年是畜牧产业链纵向整合程度提升的关键年份；从产业链环节来看，上游饲料加工企业更多地表现为前向整合，下游屠宰加工企业更倾向于后向整合，而中游畜禽养殖企业表现出同时向产业链上下游扩张其边界。目前，龙头畜牧企业纵向整合模式主要包括投资自建、兼并收购、合资关系、特许经营、隐含契约以及合同关系。其中，投资自建与兼并收购都是拥有控制权的纵向整合模式，属于完全一体化；其他模式的约束力则稍弱，属于非完全一体化。不同的纵向整合模式紧密程度不同，带来的风险成本也各有差异，畜牧企业可以根据自身发展阶段选择最合适的模式。

第五章

工商资本深化、交易成本与畜牧产业链纵向整合

第一节 问题提出

　　改革开放以来，我国畜牧业进入产业化快速发展阶段，生产分工的深化形成了巨大的规模经济效益，畜牧业产值占农业总产值的比重快速上升，成为农业系统的重要支撑点。然而，产业分工的深化也带来了畜牧产业链各环节的分离，导致各环节内生出的风险和成本不断被放大。近年来，禽流感、非洲猪瘟等重大动物疫情的冲击通过畜牧产业链传导，使养殖业及其关联产业遭受严重损失[①]，养殖环节损失通过产业链的传导，使产业链上游饲料生产、中游畜禽养殖、下游屠宰加工以及终端消费等环节出现了频繁、剧烈的价格波动，造成了产业链各环节主体的福利损失（王明利，2008）。同时，畜禽养殖业环保政策摇摆幅度过大，尤其是在非洲猪瘟疫情发生前后，"禁养限养"和"稳产保供"政策轮番出台，致使生产者感觉前后矛盾、无所适从。当前国内畜牧企业正面临生物安全风险、市场风险和政策环境等多重不确定性叠加的复杂局面。产业结构调整和外部环境风险倒逼国内畜牧龙头企业不断加强同产业链其他环节之间的联系，饲料加工企业希望保障稳定的产品销售渠道，养殖企业需要更好地利用产

---

　　① 养殖龙头企业温氏股份发布的2021年半年度报告显示，受猪价大幅下跌以及养殖成本上升的影响，公司上半年净亏损约25亿元，营业收入亦同比下降了近15%。

业组织规避生产风险，屠宰加工企业则期望能够保证畜禽活体的安全供给，而消费者对优质安全的畜禽产品也有着迫切需求，这就要求畜牧产业链各环节主体之间建立更加紧密的协作关系。由此，畜牧企业通过多种方式实施产业链纵向整合以延长产业链条，从而规避市场风险、提升企业的价值链增值收益和市场竞争力。

纵向整合一般由市场实力较强或在产业链中具有主导地位的龙头企业发起，通过一定的方式控制产业链其他环节中的若干生产经营单位，将上下游企业间交易内化为龙头企业内部的生产和管理活动，从而充分利用彼此的资源，以降低成本、实现规模经济、规避经营风险以及提高企业全要素生产率。纵向整合是市场机制下畜牧产业分工深化的必然结果，也是企业应对外部环境风险和降低成本的战略决策，其最主要的表现形式包括企业向其下游环节整合（前向整合）和向其上游环节整合（后向整合）。关于企业纵向整合的动因，主要形成了以 Williamson（1971）为代表的交易费用理论，以及 Grossman 和 Hart（1986）、Hart 和 Moore（1990）发展的产权理论两种观点。交易费用理论认为影响纵向整合的主要因素是企业交易复杂度、资产专用性和外部经营环境不确定性，企业纵向整合会随着交易双方资产专用性绝对水平和交易不确定性的增加而产生；而产权理论从产权和激励的角度重新审视了一体化的成本和收益，认为企业资源禀赋异质性及其带来的控制能力是其纵向整合的动机，强调不同的契约实施强度对整合程度的影响。在农业生产实践中，产权及相应的契约安排形式同样影响着农业分工深化与规模经营。

虽然已有文献较多研究企业纵向整合的影响因素，也有部分研究关注到了交易成本对企业纵向整合的作用，但对于畜牧产业这一特定部门内产业链纵向一体化的产生动因缺乏系统阐释，使以下几个问题仍然不够清楚：第一，畜牧业固有的受制于生命节律和时令差异、地域分散经营以及活体产品交易等特征，使生产分工与产品交易具有更为复杂的理论内涵，考虑这些固有特性后的企业纵向整合将具有怎样的内在逻辑？第二，在揭示企业进行产业链整合行为的影响因素时，对交易成本上升这一因素缺乏重点关注，在成本最小化的经济激励下，能够有效降低交易成本是企业纵向整合决策的根本动因，当交易成本纳入畜牧业部门，其具体表现形式及对产业链纵向整合行为的影响如何？本书第四章通过回顾我国畜牧企业纵向整合的发展历程发现，在工商资本深化的推动下，企业普遍采取纵向整合经营策略。问题在于，工商资本深化通过怎样的路径推动产业链纵向整合？对于畜牧企业而言，怎样才能有效扩展其在产业链上的纵向边界进而推动纵向整合深化？本书第三章通过理论分析得出，成本最小化的企业纵向整合行为由外生交易费用和内生交易费用共同决定，但在工商资本深化的背景下，畜牧企业交易成本将产生怎样的变化，这种变化又将如何推动产业链纵向整合？

为深入理解产业链纵向整合深化的逻辑，本章将基于上海与深圳证券交易所上市的所有畜牧企业数据，研究工商资本深化对畜牧产业链纵向整合程度的影响及作用机制，可能的边际贡献在于：第一，论证了纵向整合的本质在于企业组织内部分工的深化，能够进一步促进产业链各环节专业化发展；第二，揭示了畜牧企业的纵向边界决定于其对外生交易成本和内部生产成本的权衡，从而表达了产业链纵向整合所隐含的经济学含义。本章余下结构安排如下：第二节选取变量并构建计量经济模型；第三节描述性分析畜牧关联产业工商资本深化现状，初步判断其与企业交易成本和纵向整合程度之间的关系；第四节实证分析工商资本深化对畜牧产业链纵向整合的直接影响，并考察企业产权性质和产业链环节的异质性；第五节借鉴中介效应模型的思想实证检验影响机制；第六节为本章小结。

第二节　实证研究设计

一、变量选取与说明

（一）被解释变量

为反映畜牧产业链纵向整合的深化，需要测度畜牧产业链纵向整合程度以及畜牧企业的前向整合和后向整合程度，具体测度方法详见第四章。

（二）核心解释变量

采用畜牧企业资本密集程度反映工商资本深化，资本密集度指生产单位某产品所使用的资本与劳动力之比（贾伟等，2018），用企业各期人均固定资产[①]拥有量来具体衡量，其值越大表示企业资本密集程度越高（毛其淋，2019）。畜牧企业资本密集程度用来反映工商资本深化，主要基于以下原因。其一，农业资本从来源来分，大致可以分为三种类型：第一类是农户通过积累或借贷的自有资本，可称为"农户资本"；第二类是政府部门所拥有的资本，也称为"部门资本"；第三类是农户以外的非政府部门主体所拥有的资本，即"工商资本"，也称"社会资本"。在农业资本的这三大来源中，农户缺乏对农业投资的积极性[②]，而政府财政支农投入也基本处于饱和状态，难以有大幅增长[③]，面对农业生产中土地和劳动要素投入作用衰退、政策拉动效果逐渐减弱的农业发展新常态，工商资本已成为农业经济增长的主要推动力（罗浩轩，2018；易福金等，2022）。因此，工商资本深化可视为农业资本密集程度提高的主要原因。其二，农业工商资本深化是一个动态连续的过程，其在农业领域的积累随着时间的推移而加深，借鉴匡远配和唐文婷（2015）对农业资本深化问题的研究方法，本章尝试使用畜牧业及其关联产业的资本密集程度来反映工商资本深化。其三，畜牧企业作为工商资本的承载主体，不仅包含了以注册企业形式存在的农业经营主体（在位企业），即主营业务环节为畜牧业的企业资本深化，也包括原本不属于农业的外来资本（不在位企业）的后来进入，即主营业务环节为上下游关联加工业的企业资本延伸。因而本章采用畜牧企业层面的数据测算资本密集程度，可以更加准确地反映工商资本深化逻辑。

（三）机制变量

工商资本深化对产业链纵向整合存在外生和内生交易费用两条影响机制，其中，本章使用企业进行关联产业生产投资的固定资产/总资产合计来衡量外生交易费用的资产专用性维度（李青原、王永海，2007）。在有关公司治理的文献中，企业内生交易费用通常使用相对劳动雇佣成本衡量，即企业单位营业收入所需雇工数，它侧重反映企业组织内部管理和

[①] 一般指企业的生产经营用固定资产，如机器设备、厂房和运输工具等。

[②] 国家统计局的数据显示，自改革开放以来，农林牧渔业固定资产投资总额中，农户投资比重呈现先上升后不断下降趋势，并于2014年跌到10%以下。

[③] 《中国农村统计年鉴（2021年）》数据显示，2012～2020年财政支农总金额年均增长率不超过9%。

生产经营活动中所产生的劳动雇佣成本（何德旭、周中胜，2011），企业创造单位营业收入所需雇工越多，其内生交易费用也就越高。

（四）控制变量

参考王冬和吕延方（2012）以及卢闯等（2013）等的研究，本章选取的控制变量包括企业主体特征、经营状况和外部政策环境三大类。其中，企业个体特征变量包括：年龄、规模和所有权性质，以企业的注册年份为起点计算企业年龄，以企业各年份总资产来衡量企业规模，并进行对数化处理。相较于国有控股企业，非国有企业面临的市场不确定性可能更大，在市场竞争中需付出更多努力，通常有更大的动力采取纵向整合策略以保障原材料的有效供给以及拓宽销售渠道（高延雷等，2018），因而本章将企业所有权性质纳入控制变量，国有控股企业赋值为1，民营企业赋值为2，外资企业赋值为3。此外，有研究表明企业经营状况也会直接影响其纵向整合，平均资产负债率越高的企业一般被认为偿债能力越弱，企业纵向整合的可能性就越小（王瑜，2012），因而本章以资产负债率作为企业经营状况的代理变量纳入模型加以控制。关于企业的外部政策环境，由于政府对农业企业的各项补贴力度一直维持在较高水平，对于企业而言是直接性的资金注入，在一定程度上会影响其纵向整合，本章采用企业资产负债表中计入当期损益的政府补贴项目金额占营业收入之比衡量政府补贴率。此外，近年来养殖业环境问题普遍受到关注，政府每年都会出台一系列关于畜禽养殖污染防治的政策法规，引起环境规制强度不断升级，因而模型还控制了畜牧业环境规制政策强度，使用历年国家和部委出台的全国层面养殖业环境规制政策数量衡量。

二、基准模型设定与估计方法

为验证工商资本深化对畜牧产业链纵向整合的直接影响，构建如下面板数据模型。

$$V_{it}=\beta_0+\beta_1\dot{K}_{i(t-1)}+\beta_2Z_{it}+\mu_i+\nu_t+\varepsilon_{it} \tag{5-1}$$

模型（5-1）中：变量下标 i 为样本个体；t 为年份；$t-1$ 为变量滞后一期，表示企业前期资本密集程度对当期纵向整合程度的影响，在弱外生性假定条件下，核心解释变量采用滞后一期的前定变量有助于识别模型的因果关系；被解释变量 V 为畜牧产业链纵向整合深化，分别用当期产业链纵向整合程度与企业纵向整合方向表示；核心解释变量 $\dot{K}$ 为企业前期资本密集程度，作为工商资本深化的代理变量；Z 为企业和行业层面的一系列控制变量；β 为模型待估系数。此外，模型中还控制了企业个体非观测效应 μ_i 和时间非观测效应 ν_t，以及同时因时间和地区而变的不可观测的特异扰动项 ε_{it}。模型中所有名义变量都经过平减处理，以 2008 年为基期的实际值。

　　需要说明的是，模型在理论上可能存在反向因果造成的内生性问题。然而在实际上，工商资本深化带来畜牧关联产业资本密集程度的提高是一个长期的动态过程，自改革开放后工商资本就已经开始了在畜牧业及其关联产业的积累，但初期由于限制工商资本进入农业等一系列政策的约束，工商资本仅能够从事产业链两端的加工流通行业。而全产业链的纵向整合是在 2000 年以后相关政策放开后才得以实施的，对此第四章畜牧龙头企业纵向整合现状中已有详细论述。因而从理论上讲，两者在时序上存在先后关系，即先有工商资本深化为因，后有产业链纵向整合为果，而互为因果关系的内生性较弱。与此同时，在实证研究设计中仍需要注意识别两者的因果关系，本章拟通过工具变量法解决工商资本深化的内生性问题，选择企业注册地所在地市的平均工资水平作为企业资本密集程度的工具变量。从相关性角度分析，企业所在地市的平均工资水平可以通过影响企业劳动雇佣成本进而影响企业资本密集程度，平均工资水平越高的地区，企业劳动雇佣成本越高，越倾向于减少雇佣劳动力、增加资本或技术投入，以替换劳动要素投入、节约生产成本，由此企业资本密集程度得到提高，从而满足相关性条件；从外生性角度分析，企业所在地市平均工资水平是一个更高层级的聚类变量，与微观企业层面的纵向整合程度并无直接关系，因而工具变量的选取在逻辑上是合理的，后文将详细报告工具变量有效性的统计检验结果。

　　变量描述性统计结果如表 5-1 所示。样本畜牧关联企业包括国有企业、民营企业和外资企业三类，代表性全面；企业规模和年龄均值显示样本企业在行业内深耕多年，拥有较大的行业影响力和竞争优势，属于畜牧龙头企业，代表了国内畜牧企业发展的较高水平。而从产业链纵向整合程度来看，样本均值仅为 0.1453，表明当前我国上市畜牧企业虽然处于产业链龙头地位，但仍处于纵向整合的初步阶段，因而如何有效推动国内畜牧产业链纵向整合深化具有重要研究价值。

表 5-1　变量描述性统计结果

变量	含义	组别	均值	标准差	最小值	最大值
产业链纵向整合程度	企业整合程度的最大值	总体	0.1453	0.1430	0	0.3971
		组间		0.1313	0	0.3887
		组内		0.0689	−0.1322	0.3935
企业前向纵向整合程度	向下游整合	总体	0.0888	0.1307	0	0.3971
		组间		0.1187	0	0.3543
		组内		0.0559	−0.1780	0.3370
企业后向纵向整合程度	向上游整合	总体	0.0612	0.1152	0	0.3887
		组间		0.1180	0	0.3887
		组内		0.0426	−0.1641	0.2945
企业资本密集程度	人均固定资产拥有量	总体	13.9588	0.6967	10.3145	15.8573
		组间		0.5331	12.7126	15.0470
		组内		0.4528	11.5607	15.9025
企业内生交易费用	相对劳动雇佣成本，取自然对数	总体	5.1015	1.2742	1.6774	8.0344
		组间		1.2088	2.4969	7.5411
		组内		0.4619	2.9926	6.5372
企业资产专用性水平	企业固定资产/总资产合计	总体	0.9527	0.9517	0.0100	4.4700
		组间		0.8289	0.0233	3.4830
		组内		0.4525	−0.1213	4.3694
工具变量	地市平均工资水平	总体	10.6210	0.4106	9.5678	11.7319
		组间		0.2664	10.1800	11.2169
		组内		0.3152	9.8451	11.5006
企业规模	总资产自然对数	总体	21.9506	1.1626	19.1412	24.6810
		组间		1.0406	20.2369	24.4305
		组内		0.5421	20.1217	23.4454
企业年龄	企业经营年龄	总体	14.5372	5.4620	1.0000	27.0000
		组间		4.6384	5.5000	24.0000
		组内		3.1534	9.0372	20.0372
企业资产负债率	债务总额/资产总额	总体	0.4378	0.1744	0.0311	1.1077
		组间		0.1362	0.1041	0.7575
		组内		0.1114	0.0123	0.8653
政府补贴率	政府补贴项目金额/营业收入	总体	0.0042	0.0079	0	0.0773
		组间		0.0050	0.0004	0.0207
		组内		0.0061	−0.0120	0.0647

续表

变量	含义	组别	均值	标准差	最小值	最大值
环境规制强度	全国层面历年畜牧环境规制政策数量	总体	38.1667	23.4879	11	105
		组间		0	38.1667	38.1667
		组内		23.4879	11	105
企业产权性质	国有企业=1 民营企业=2 外资企业=3	总体	1.7234	0.5144	1.0000	3.0000
		组间		0.4862	1.0000	3.0000
		组内		0.0494	1.6401	2.6401

第三节　工商资本深化与畜牧产业链纵向整合的描述性分析

一、畜牧产业链核心环节资本密集程度

根据上市畜牧企业样本计算得到的 2008~2019 年畜牧产业链核心环节资本密集程度如图5-1所示。从总体上看，我国畜牧产业链资本密集程度呈上升趋势，但各个核心环节资本密集程度的分布存在明显差异。其中，产业链上游饲料加工环节的资本密集程度最高，且在 2016 年之前的增幅非常明显，但随后逐渐呈现饱和的增长趋势，增长幅度变缓；产业链中游畜禽养殖环节的资本密集程度相较于上下游加工环节较低，但 2014 年养殖业环境规制强度提高后，养殖环节的资本密集程度的增速明显加快；产业链下游屠宰加工环节的资本密集程度的起点较高，是大部分工商资本最初选择进入的核心环节之一，不过增长幅度相对其他环节来说较为缓慢，虽然屠宰加工业作为一种工业门类在国内已有长期发展并趋于成熟，但相对于其他典型的工业门类来说，其不可能实现完全的资本替代，仍然需要一些劳动力进行人工操作，且近年来终端消费环节的畜产品市场需求增长较为缓慢，致使屠宰加工行业长期处于产能过剩的状态，全国规模屠宰厂平均产能利用率和转换率都较低，导致资本深化程度并未快速提高。

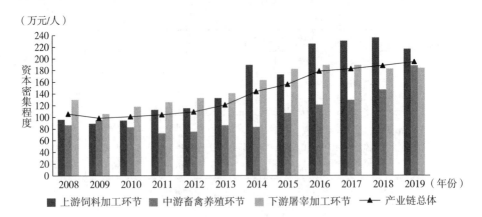

（万元/人）

图 5-1　2008~2019 年畜牧产业链核心环节资本密集程度

二、不同资本密集程度下畜牧企业交易成本差异

虽然我国畜牧产业链总体资本密集程度呈上升趋势，但产业链各环节之间存在明显差异，这将如何影响企业交易成本呢？图 5-2 反映了 2019 年不同资本密集程度的畜牧企业交易成本差异，高资本密集程度企业的资产专用性的中位数和上下四分位都位于低资本密集度企业上方，内生交

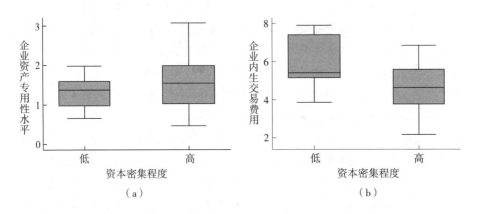

图 5-2　2019 年不同资本密集程度的畜牧企业交易成本差异

注：企业资本密集程度分组根据中位数划定；条形图表示样本上下四分位，条形图内短实线表示样本中位数，上下方的短实线表示样本均值±标准差。

易费用的中位数、上下四分位和样本上下限都位于低资本密集度企业下方。总体而言，与低资本密集度的企业相比，高资本密集度企业的资产专用性水平明显有所提高，而内生交易费用出现明显下降，两者之间存在明显的相关关系，但仍待进一步分析。

三、畜牧企业资本密集程度与纵向整合程度及方向的关系

本部分利用畜牧企业资本密集程度与纵向整合程度及方向的散点图和拟合趋势线，初步分析两者之间的相关关系如图5-3所示。图5-3(a)显示，企业资本密集程度与其产业链纵向整合程度呈现显著的正向关系；图5-3(b)显示，企业资本密集程度与其前向整合程度也存在一定的正相关关系，但拟合线较为平坦；图5-3(c)显示，企业资本密集程度与其后

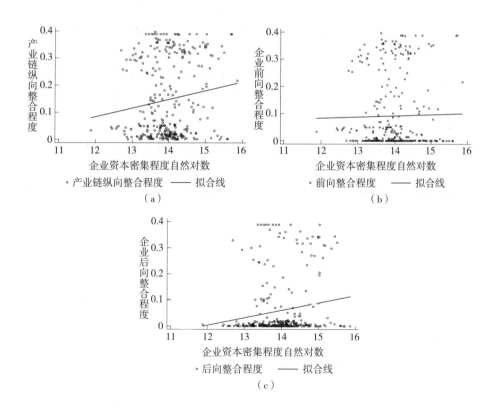

图5-3 畜牧企业资本密集程度与纵向整合程度及方向的散点图和拟合趋势线

向整合程度同样呈现显著的正向关系。基于散点图和拟合趋势线可以初步判断工商资本深化与畜牧产业链纵向整合程度以及方向之间存在一定的正相关关系，然而，这并不能真正反映两者之间的因果关系，工商资本深化能否促进畜牧产业链纵向整合以及如何促进，还有待运用计量经济模型进一步分析。

第四节　实证结果分析

一、工具变量回归结果

本节使用二阶段最小二乘法（2SLS）进行参数估计，结果如表 5-2 所示，列（1）至列（3）为引入工具变量后估计结果，列（4）为 2SLS 第一阶段估计结果。三组方程的 Hausman 内生性检验均在 1% 的置信水平上显著拒绝了解释变量完全外生的原假设，即模型存在内生性问题。科学地选取工具变量是准确识别工商资本深化与畜牧产业链纵向整合因果关系的前提，本部分针对工具变量的有效性进行了统计检验。首先，工具变量需要与解释变量高度相关，通过第一阶段工具变量对内生解释变量的回归结果可以看出，工具变量企业所在地市平均工资水平与企业资本密集程度有着显著的正向关系，联合显著性 F 检验统计量为 21.5 且在 1% 的置信水平上显著；其次，弱工具变量检验统计量为 31.449，显示无法拒绝工具变量估计量相对于 OLS 估计量最大相对偏误为 20% 的原假设；此外，工具变量不可识别检验结果显示在 1% 的置信水平上显著拒绝"工具变量识别不足"的原假设。总体来看，所选工具变量满足有效性条件。

本部分主要关注 2SLS 第二阶段回归结果，从列（1）产业链纵向整合程度方程的回归结果来看，关键解释变量企业资本密集程度在 10% 的水平上显著为正，表明工商资本深化可以促进畜牧产业链纵向整合程度提升；在列（2）和列（3）企业整合方向方程的回归结果中，关键解释变量企业资本密集程度在 5% 的水平上显著为正，表明工商资本深化同样会促进畜牧

表5-2 资本密集程度影响畜牧产业链纵向整合的回归结果(2SLS)

变量	符号	第二阶段		第一阶段	
		产业链纵向整合程度	企业前向整合程度	企业后向整合程度	资本密集程度
		(1)	(2)	(3)	(4)
滞后一期资本密集程度	LNK	0.0566*	0.0957**	0.0544**	
		(1.64)	(2.48)	(2.35)	
企业规模	Scale	0.0219	0.0011	0.0238**	0.0485
		(1.34)	(0.07)	(2.48)	(0.63)
企业年龄	Age	0.0732*	0.0460	0.0195	0.4221**
		(1.64)	(1.13)	(0.69)	(2.24)
资产负债率	Lev	−0.1036**	−0.1141**	0.0245	0.7506***
		(−2.10)	(−2.37)	(1.01)	(4.05)
政府补贴率	Sub	−0.6749	0.5162	−1.2137**	−4.3021*
		(−0.85)	(0.86)	(−2.54)	(−1.88)
环境规制强度	Regu	0.0001	0.0001	0.0001	0.0006
		(0.45)	(0.19)	(0.46)	(0.82)
产权性质	Natu	−0.0286**	−0.0133	−0.0155*	−0.2653***
		(−2.15)	(−1.06)	(−1.73)	(−2.66)
地市平均工资	Wage				0.0591***
					(4.64)
个体固定效应	ID	Yes	Yes	Yes	Yes
年份固定效应	Year	Yes	Yes	Yes	Yes
F 值		4.01***	3.62***	1.66*	21.500***
不可识别检验		18.634***			
弱工具变量检验		31.449			
Hausman 检验		14.47***	19.61***	29.86***	
观测值	N	362	362	362	362

注：括号内为 t 值，*、**、*** 分别表示在10%、5%、1%的置信水平上具有统计显著性。

企业前向整合和后向整合。从系数大小来看，工商资本深化对畜牧企业前向整合的促进作用（0.0957）大于后向整合（0.0544），表明国内畜牧企业更倾向于对产品销售渠道的整合。

在控制变量的估计结果中，企业规模的估计系数为正，但仅在列（3）的估计方程中显著，表明规模越大的畜牧企业后向整合程度越高，越倾向于向上游原材料供应环节整合；企业年龄的估计系数为正，但仅在列（1）的估计方程中显著，表明企业成立时间越早，其对整条产业链的控制程度越深；企业资产负债率的估计系数为负，且在列（1）和列（2）中显著，与预期相符，意味着高资产负债率对企业纵向整合程度起到抑制作用；企业产权性质的估计系数为负，且在列（1）和列（3）中显著，初步表明资本密集程度提高对国有企业纵向整合程度具有更大的促进作用。

二、稳健性检验

为验证上述回归结果的可靠性，本节进行了一系列稳健性检验，如表5-3所示。一是更换被解释变量衡量指标，参考李青原和唐建新（2011）的研究思路，以2008~2019年发生的、样本上市公司作为收购方的国内非关联股权标的纵向并购①事件为研究对象，筛选样本上市公司当年有效纵向并购次数替换基准模型中的纵向整合程度，作为企业纵向整合行为的代理变量，同样引入工具变量进行再回归估计，结果如表5-3列（1）所示，可以发现，资本密集程度提高显著增加了畜牧企业有效纵向并购次数，促进了企业纵向整合行为；二是对核心变量进行缩尾处理，剔除极端值影响后参照基准模型再回归估计，结果如表5-3列（2）至列（4），与基准模型回归结果相比，核心解释变量的估计系数在显著性与数值方面均未发生较大变化，资本密集程度提高对纵向整合仍然具有显著的正向影响，且对畜牧企业前向整合的促进作用大于后向整合，估计结果具有良好的稳健性。

---

① 纵向并购是指经营环节相互衔接、密切联系的企业或者具有纵向协作关系的专业化企业之间，以产业链纵向整合延伸为目标的并购行为。纵向并购双方不是直接的竞争关系，而是产业链上下游供应商和需求商之间的关系。

表5-3 稳健性检验结果(2SLS)

检验方法		替换被解释变量衡量指标	变量缩尾处理		
变量	符号	企业纵向并购次数	产业链纵向整合程度	企业前向整合程度	企业后向整合程度
		(1)	(2)	(3)	(4)
滞后一期资本密集程度	LNK	2.3758* (1.65)	0.0585* (1.64)	0.0980** (2.48)	0.0551** (2.34)
企业规模	Scale	−0.5055 (−0.83)	0.0206 (1.28)	0.0005 (0.03)	0.0233** (2.47)
企业年龄	Age	−0.5988 (−0.29)	0.0696 (1.55)	0.0436 (1.06)	0.0185 (0.65)
资产负债率	Lev	−3.8555* (−1.84)	−1.4407 (−1.59)	0.2039 (0.26)	−1.6372** (−2.29)
政府补贴率	Sub	8.7498 (0.32)	−0.1129** (−2.26)	−0.1209** (−2.47)	0.0224 (0.89)
环境规制强度	Regu	0.0013 (0.14)	0.0001 (0.43)	0.0001 (0.18)	0.0001 (0.45)
产权性质	Natu	2.8510*** (3.34)	−0.0255** (−2.17)	−0.0132 (−1.17)	−0.0121 (−1.49)
个体固定效应	ID	Yes	Yes	Yes	Yes
年份固定效应	Year	Yes	Yes	Yes	Yes
F 值		12.21***	20.92***		
不可识别检验		12.286***	18.184***		
弱工具变量检验		21.779	30.773		
Hausman 检验		18.25***	14.53***	19.60***	29.86***
观测值	N	354	362		

注:括号内为 t 值,*、**、***分别表示在10%、5%、1%的置信水平上具有统计显著性。

三、异质性分析

分析异质性企业的资本密集程度与纵向整合关系,将有助于识别不同特征群体的差异性，本节按照样本企业产权性质和产业链环节进行分组讨论，模型设定与基准回归方程相同，表 5-4 仅列出 2SLS 第二阶段核心解释变量资本密集程度的估计系数。

表 5-4 分组回归结果（2SLS）

分组	Panel A：按企业产权性质分组		Panel B：按产业链环节分组		
	国有企业	民营企业	上游饲料加工企业	中游畜禽养殖企业	下游屠宰加工企业
变量	滞后一期资本密集程度	滞后一期资本密集程度	滞后一期资本密集程度	滞后一期资本密集程度	滞后一期资本密集程度
产业链纵向整合程度	0.0147 （0.17）	0.0396 （1.19）	—	—	—
企业前向整合程度	0.1197* （1.85）	0.0795** （2.37）	1.2499*** （2.69）	0.1192** （2.53）	0.0008 （0.91）
企业后向整合程度	0.1408* （1.77）	0.0439** （2.15）	0.0058 （0.54）	0.0792*** （2.99）	0.0461* （1.64）
控制变量	Yes	Yes	Yes	Yes	Yes
观测值	116	246	118	103	141

注：括号内为 t 值，*、**、*** 分别表示在 10%、5%、1% 的置信水平上具有统计显著性；因样本中包含的外资企业只有一家，故按产权性质分组回归时仅包含国有企业和民营企业；根据样本企业主营业务收入来源占比最大的环节来识别其在产业链中所处环节，并据此将样本企业分组。

（一）企业产权性质异质性（Panel A）

从产业链纵向整合程度来看，资本密集程度提高对国有企业和民营企业的影响系数虽然不显著，但仍可表明存在一定的促进作用；从企业整合方向来看，资本密集程度提高对国有企业和民营企业均具有显著的正向影响，但就系数大小而言，对国有企业纵向整合程度的促进作用（0.1197 和 0.1408）显然大于民营企业（0.0795 和 0.0439），与前文的初步结论一致，原因在于，虽然非国有企业有更强的纵向整合动机，但国有企业一般拥有更大的横向规模和更多的固定资产投资，资本深化程度更深，且企业发展在政府战略目标和政策规划之内，相对而言更容易实施纵向整合策略。此外，资本密集程度提高对国有企业后向整合程度的正向影响更大，而对民营企业前向整合程度的正向影响更大,这表明国有企业更加注重原材料供应渠道的整合,而民营企业更倾向于整合产品销售渠道。

(二)产业链环节异质性(Panel B)

在上游饲料加工环节,资本密集程度提高显著促进了企业前向整合程度提升,而对企业后向整合程度的促进作用并不显著,表明饲料加工企业处于畜牧产业链上游的位置,决定了前向整合是以饲料加工企业主导的整合,因而更倾向养殖环节整合饲料产品销售渠道。在中游畜禽养殖环节,资本密集程度提高对企业前向和后向整合程度均有显著的促进作用,但从系数大小来看,对养殖企业前向整合程度的促进作用(0.1192)大于后向整合程度(0.0792)。原因在于,畜禽养殖企业处于畜牧产业链中游的位置,需要与产业链上下游环节建立紧密的协作关系,但养殖业属于农业生产环节,畜禽产品的产出与销售面临的市场不确定因素较多,不耐储存且销售运输环节损失较大,需及时售出,因而更需要整合和控制产业链下游的销售渠道,以避免产品出现滞销。在下游屠宰加工环节,资本密集程度提高显著促进了企业后向整合程度的提升,而对企业前向整合程度的促进作用不显著,这是因为屠宰加工企业处于畜牧产业链下游的位置,决定了后向整合是以屠宰加工企业主导的整合。此外,屠宰加工企业也需要对产业链中游的畜禽产品供应渠道进行整合和控制,以保证畜禽活体的安全充足供给,避免出现食品安全问题以及屠宰开工率不足的情况。

第五节 影响机制检验

根据第三章的理论机制分析,工商资本深化通过两种交易成本传导路径——提高畜牧企业资产专用性水平和降低内生交易费用,对畜牧产业链纵向整合产生影响,本节将验证上述影响机制是否存在。由于中介效应所体现的传导机制恰好与理论机制相一致,本节借鉴中介效应的思想,在模型(5-1)的基础上建立如下模型,估计过程中同样引入工具变量解决工商资本深化的内生性问题,对工商资本深化的总效应以及两种不同传导路径进行分步估计。

$$\begin{cases} V_{it}=\beta_0+\beta_1\dot{K}_{i(t-1)}+\beta_2Z_{it}+\varepsilon_{it} \\ M_{i(t-1)}=\beta_0'+\beta_1'\dot{K}_{i(t-1)}+\beta_2'Z_{it}+\varepsilon_{it}' \\ V_{it}=\beta_0''+\beta_1''\dot{K}_{i(t-1)}+\beta_2''M_{i(t-1)}+\beta_3''Z_{it}+\varepsilon_{it}'' \end{cases} \qquad (5-2)$$

模型(5-2)中：变量下标 i 为样本个体；t 为年份；$t-1$ 为变量滞后一期；M 为企业前期资产专用性水平和内生交易费用这两个中介变量，表示企业前期交易成本对当期纵向整合程度的影响；β、β'、β'' 为模型待估系数。模型还控制了因时间和地区而变的不可观测的特异扰动项 ε_{it}。完成机制检验需要满足如下计量识别策略：首先基于解释变量 $\dot{K}$ 对被解释变量 V 的回归方程一，得出 $\dot{K}$ 的系数；然后构建解释变量 $\dot{K}$ 对中介变量 M 的回归方程二，以及解释变量 $\dot{K}$ 和中介变量 M 对被解释变量 V 的回归方程三，检验中介效应是否存在。其中，系数 β_1 捕捉 $\dot{K}$ 对 V 总效应，系数 β_1' 捕捉 $\dot{K}$ 对 M 的影响，系数 β_2'' 分离出中介变量 M 对 V 的影响，系数乘积 $\beta_1'\cdot\beta_2''$ 为中介效应，识别工商资本深化对产业链纵向整合的影响机制，其对总效应的贡献率为 $\beta_1'\cdot\beta_2''/\beta_1$。具体传导路径如图5-4所示。

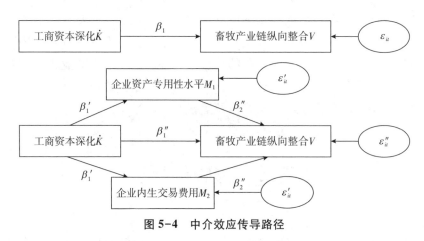

图5-4　中介效应传导路径

一、企业外生交易费用提高

工商资本深化引导畜牧企业增加专用性资产投资引起外生交易费用提高的机制检验结果如表5-5所示，模型(5-2)方程一的回归结果与基准模型(5-1)估计结果一致，此处不再列出；方程二的估计结果如表5-5列(1)所示，检验资本密集程度提高对中介变量企业资产专用性水平的影

表5-5　外生交易费用提高的机制检验结果（2SLS）

变量	符号	资产专用性水平	产业链纵向整合程度	企业前向整合程度	企业后向整合程度
		（1）	（2）	（3）	（4）
滞后一期资本密集程度	LNK	0.3204** (2.56)	0.0872* (1.89)	0.1124*** (2.58)	0.0390* (1.88)
滞后一期资产专用性水平	Spec		0.0651*** (2.81)	0.0603*** (2.79)	0.0028 (0.21)
企业规模	Scale	0.7035*** (11.22)	−0.0213 (−0.73)	−0.0376 (−1.36)	0.0206 (1.50)
企业年龄	Age	0.4656*** (2.67)	0.0512 (1.10)	0.0151 (0.37)	0.0322 (1.14)
资产负债率	Lev	−3.3397* (−1.91)	−0.5025 (−0.49)	0.7701 (0.94)	−1.2900** (−2.34)
政府补贴率	Sub	0.0738 (0.41)	−0.1285** (−2.41)	−0.1444*** (−2.80)	0.0288 (1.22)
环境规制强度	Regu	−0.0011 (−0.75)	0.0001 (0.24)	−0.0000 (−0.04)	0.0001 (0.59)
产权性质	Natu	−0.1807** (−2.00)	−0.0124 (−0.71)	0.0030 (0.19)	−0.0165* (−1.74)
个体固定效应	ID	Yes	Yes	Yes	Yes
年份固定效应	Year	Yes	Yes	Yes	Yes
F 值		29.900***	24.570***		
不可识别检验		25.247***	21.302***		
弱工具变量检验		42.803	35.831		
Hausman 检验		2.160	14.000***	19.380***	29.110***
观测值	N	334	327	327	327

注：括号内为 t 值，*、**、***分别表示在10%、5%、1%的置信水平上具有统计显著性。

响；方程三的估计结果如表5-5列（2）至列（4）所示，检验企业资本密集程度和资产专用性水平对产业链纵向整合的影响，并通过观察核心变量系数的显著性及其正负关系判断中介效应是否存在。列（1）的回归结果显示，资本密集程度对企业资产专用性水平的估计系数β_1'在5%置信水平上显著为正，表明工商资本深化引致了畜牧企业进行专用性资产投资。列（2）至列（4）的回归结果显示，企业资本密集程度的估计系数β_1''显著为正，表明资本密集程度提高对畜牧企业纵向整合深化有直接的促进作用；企业资产专用性水平的估计系数 β''_2 在列（2）和列（3）显著为正，即他们的中介效应系数乘积 $\beta'_1 \cdot \beta''_2$ 也显著为正，意味着工商资本深化可以通过引致企业增加专用性资产投资，对畜牧产业链纵向整合产生正向的中介效应。

二、企业内生交易费用降低

工商资本深化引导畜牧企业使用资本替代劳动引起内生交易费用降低的机制检验结果如表5-6所示。

表5-6 内生交易费用降低的机制检验结果（2SLS）

变量	符号	内生交易费用	产业链纵向整合程度	企业前向整合程度	企业后向整合程度
		（1）	（2）	（3）	（4）
滞后一期资本密集程度	LNK	-0.4014* (-1.65)	0.1182*** (2.60)	0.1287** (2.26)	0.0641** (2.09)
滞后一期内生交易费用	Enco		-0.0498* (-1.77)	-0.0531* (-1.72)	-0.0355* (-1.79)
企业规模	Scale	0.1785 (1.62)	0.0263 (1.54)	0.0057 (0.35)	0.0220** (2.30)
企业年龄	Age	-0.2600 (-0.92)	0.0736 (1.49)	0.0376 (0.87)	0.0312 (1.07)
资产负债率	Lev	1.7443 (0.43)	-0.7520 (-0.74)	0.5318 (0.67)	-1.2866** (-2.35)
政府补贴率	Sub	-0.2898 (-0.86)	-0.1268** (-2.34)	-0.1418*** (-2.72)	0.0282 (1.19)
环境规制强度	Regu	0.0001 (0.18)	0.0001 (0.21)	-0.0001 (-0.11)	0.0001 (0.62)
产权性质	Natu	0.3348*** (3.59)	-0.0219 (-1.54)	-0.0073 (-0.54)	-0.0157* (-1.71)
个体固定效应	ID	Yes	Yes	Yes	Yes
年份固定效应	Year	Yes	Yes	Yes	Yes
F值		29.540***	27.990***		
不可识别检验		24.774***	32.565***		
弱工具变量检验		42.934	36.331		
Hausman 检验		2.160	14.000***	19.380***	29.110***
观测值	N	329	325	325	325

注：括号内为 t 值，*、**、***分别表示在10%、5%、1%的置信水平上具有统计显著性。

模型(5-2)方程一的回归结果与基准模型(5-1)估计结果一致,此处不再列出;方程二的回归结果如表5-6列(1)所示,检验资本密集程度提高对中介变量企业内生交易费用的影响;方程三的回归结果如表5-6列(2)至列(4)所示,检验企业资本密集程度和内生交易费用对产业链纵向整合的影响,仍然通过观察核心变量系数的显著性及其正负关系判断中介效应是否存在。列(1)的回归结果显示,企业资本密集程度对内生交易费用的估计系数β'_1在10%置信水平上显著为负,表明工商资本深化确实能够带来畜牧企业内生交易费用降低。列(2)至列(4)的回归结果显示,企业资本密集程度的估计系数β''_1显著为正,表明资本密集程度提高对畜牧企业纵向整合深化有直接促进作用;企业内生交易费用的估计系数β''_2均为负,即中介效应系数乘积$\beta'_1 \cdot \beta''_2$也显著为正,意味着工商资本深化可以通过降低企业内生交易费用,对畜牧产业链纵向整合产生正向的中介效应。至此,假说1得到证实。

此外,本章还通过测算中介效应占总效应的比例(根据图5-4中介效应传导路径计算贡献率$\beta'_1 \cdot \beta''_2/\beta_1$),进一步比较了"专用性资产投资增加"和"内生交易费用降低"两条影响路径的贡献率。对于畜牧产业链纵向整合程度,"专用性资产投资增加"效应对总效应的贡献率为36.85%,"内生交易费用降低"效应对总效应的贡献率为35.32%;对于畜牧企业前向整合程度,"专用性资产投资增加"效应对总效应的贡献率为20.19%,"内生交易费用降低"效应对总效应的贡献率为22.27%;对于畜牧企业后向整合程度,"专用性资产投资增加"效应对总效应的贡献率为1.65%,"内生交易费用降低"效应对总效应的贡献率为26.19%。相较而言,"内生交易费用降低"效应对畜牧企业后向整合程度的贡献率更高。

第六节　本章小结

以龙头企业为代表的畜牧关联产业工商资本,对我国畜牧产业链的纵向整合程度提升具有直接的推动作用。本章将交易成本和产业组织理论应用到畜牧关联产业,从工商资本深化的视角考察了畜牧产业链纵向整合的理论逻辑,聚焦于畜牧产业分工深化带来的交易成本上升对企业纵向整合的影响与机制，论证了资本密集程度提高如何影响畜牧企业纵向整合，并利用 2008~2019 年 A 股上市畜牧企业财务面板数据进行了实证检验，主要结论如下：

第一，工商资本深化提升了畜牧产业链纵向整合程度，同时对畜牧企业前向整合和后向整合产生影响，且对畜牧企业前向整合的促进作用更大，表明国内畜牧企业更倾向于对产品销售渠道的整合。在以企业有效纵向并购次数来衡量企业纵向整合行为后，研究结果仍然保持稳健。

第二，影响机制检验结果表明，工商资本深化通过引导畜牧企业增加专用性资产投资提高外生交易费用，以及使用资本替代劳动降低内生交易费用，进而促进畜牧产业链纵向整合。即外生交易费用提高激励了畜牧企业纵向整合程度，来自企业自身的内生交易费用优势也有利于其纵向整合，若企业具有较低内生交易费用，则外生交易费用对其纵向整合的促进效应会被增强。因而，在产业链纵向整合过程中，畜牧企业应当注重专用性资产投资以及资本对劳动的要素替代，以便更有效地扩展产业组织的纵向边界。

第三，异质性分析表明，工商资本深化对畜牧产业链纵向整合的促进作用在国有企业样本组中表现更为显著，相对民营企业而言，国有企业受资本深化的影响可能更深，且一般在行业中处于龙头地位，更容易实施纵向整合战略。对于国有畜牧企业而言，资产专用性对其纵向整合的促进作用更明显，而交易不确定性和交易频率对民营企业纵向整合的正向影响更为显著；内生交易费用及其与外生交易费用的交互项对国有企业纵向整合的负向影响均显著高于民营企业。

第四，对于不同的产业链环节而言，在上游饲料加工环节，工商资本深化显著促进了企业前向整合程度提升，而对后向整合程度的促进作用不显著，即上游饲料加工企业更倾向中游养殖环节整合饲料产品销售渠道；在中游畜禽养殖环节，工商资本深化对企业前向和后向整合程度均有显著的促进作用，但对前向整合程度的促进作用更大；在下游屠宰加工环节，工商资本深化显著促进了企业后向整合程度的提升，而对前向整合程度的促进作用不显著，即下游屠宰加工企业更倾向中游养殖环节整合原材料供应渠道。因而产业链中游畜禽养殖环节有着较强的纵向整合动机，通过一定途径降低该环节的企业内生交易费用有助于纵向整合战略的实施。

分工和交易成本理论是解释产业链纵向整合的重要制度经济学理论，

本章应用该理论考察了畜牧企业纵向一体化经营的产生动因，并利用上市畜牧企业的财务数据验证了企业对于交易成本的权衡如何决定其纵向边界，在产业链纵向整合深化过程中阐释了畜牧企业交易成本治理逻辑，不仅有助于把握我国畜牧业资本深化和产业链纵向整合的发展趋势，也对政府有序引导和促进工商资本进入畜牧业具有一定的政策含义：在推进产业链纵向整合的进程中，特别是国有企业应当首先致力于降低其内生成本，为纵向整合的持续深化创造组织内部成本优势。同时还应考虑产业链环节的特性对企业纵向一体化经营战略的影响，对于上游饲料加工企业主导的纵向一体化，增加其专用性资产投资能促进其纵向一体化经营，但降低其内生成本可能并不是一个好的途径；对于中游畜禽养殖企业主导的纵向一体化，增加其专用性资产投资、降低其内部成本都可以有效促进其纵向一体化经营；对于下游屠宰加工企业主导的纵向一体化，降低其内生成本可以有效促进其纵向一体化经营，但增加其专用性资产投资的促进作用可能有限。为此，政府应鼓励产业链上游饲料加工和中游畜禽养殖企业增加专用性资产投入，也可以对畜牧产业链进行适当的专用资产投资，但应注意产业链环节的差别。

第六章
环境规制冲击下的畜牧
产业链纵向整合

第一节 问题提出

伴随着畜禽养殖集约化和规模化的加速推进，以养殖企业为代表的规模养殖场废弃物排放已成为中国农业面源污染的最大来源（金书秦等，2018）。自2014年中央"一号文件"《关于全面深化农村改革加快推进农业现代化的若干意见》首次强调养殖业环境污染后，至2023年连续10年都提到养殖业环境规制（陈秋红、张宽，2020）。特别是以《畜禽规模养殖污染防治条例》为代表的"一揽子"针对畜牧业，尤其是规模养殖企业的环保法规开始密集出台实施，地方政府在政策具体执行过程中也"层层加码"，使2014年后养殖业环境规制强度达到了顶峰，在达到保护与改善农业生态环境目标的同时，也影响了畜牧业生产结构，引起了产业组织变革，理论上也可能会对产业链的发展与重构产生影响。一方面，养殖业环境规制作为较强的政策冲击，将会带来产业结构调整效应，加速工商资本在养殖环节的扩张速度和规模；另一方面，其会引起生产布局转移效应，产生额外的制度性交易成本，即畜牧企业在遵守政府规制和政策实施过程中产生的费用。从新制度经济学层面来看，上述两个方面均是产业链纵向整合产生的必要条件。近年来，国内龙头企业纷纷向产业链上下游加速扩张业务范围，进行全产业链布局的纵向整合发展模式，畜牧产业链纵向整合的进程明显加速，产业链纵向整合程度大幅提高。畜牧业工商资本深化和产业链纵向整合的进程具有长期性、持续性和不可逆转等特点。通过第四章的描述性统计可以初步看出，畜牧产业链纵向整合水平在2014年之前维持在较低水平且波动幅度较大，但此后便转而呈现快速整合的趋势。由此引出一个值得深入思考的问题：为何在2014年后，畜牧产业链纵向整合的进程明显加速，产业链纵向整合程度大幅提高？这一变化背后所隐含的推动因素和机制是怎样的？

回顾既有的相关文献，关于环境规制影响效应评估的研究十分丰富，大多集中在宏观经济与工业部门，主要围绕新古典经济学的"成本效应"与波特的"创新补偿"展开（张红凤等，2009）。在农业部门，畜牧养殖业是环境规制政策实施的重点行业，养殖业经营主体特别是规模养殖企业成为环境规制的干预对象。既有文献主要以养殖业环境规制为研究对象，考察政府规制对微观主体亲环境行为的驱动作用及福利效应（司瑞石等，2019），或是探讨一项或多项具体环境规制措施对养殖户畜禽粪便资源化利用的影响（朱润等，2021），也有文献从地区与产业层面直接将环境政策与宏观产业发展联系起来量化其影响及其机制（李晗等，2021），而从产业链整体的视角出发研究环境规制冲击下不同环节经营主体的应对行为的文献非常有限。既有文献为本书的设计和开展提供了坚实的基础和良好的借鉴，但这些文献主要关注环境规制对独立经营主体的影响，忽视了其对产业链上下游之间交易行为的冲击。然而，经营主体的生产交易行为与其产业链上下游行业是紧密关联的，其发展高度依赖产业链整体发展状况。鉴于此，本章基于环境规制理论和交易成本理论，构建"养殖业环境规制政策实施—产业结构调整/生产布局转移—工商资本深化/交易成本提高—企业纵向整合"的理论分析框架，并将养殖业环保立法视为一个准自然试验，采用国内上市畜牧企业的财务面板数据及双重差分（Difference in Difference，DID）方法，评估养殖业环境规制政策实施对畜牧产业链纵向整合的影响效应，并揭示政策的传导机制。

本章的边际贡献主要体现在以下两个方面。一是拓展了环境规制政策效应评估的相关研究。关于环境规制影响效应评估的研究十分丰富，但鲜有文献关注环境规制对产业链的冲击，本章深入评估了环境规制政策实施的产业链整合效应，并从产业结构调整效应和生产布局转移效应探讨了环境规制影响企业纵向整合的机制，加深了对环境规制与产业链整合之间关系的认识。二是丰富了有关纵向整合的文献研究。既有研究普遍从交易成本角度探究企业纵向整合的决策因素，而环境规制冲击强调企业所处宏观政策环境的波动，本章利用手动整理和测算的我国上市畜牧企业纵向整合程度进行实证检验，探究宏观政策环境波动对企业纵向整合战略决策的影响，从环境规制角度为交易成本决定论提供了来自畜牧企业的新经验证据。在当前市场周期性波动叠加环保约束和非洲猪瘟疫情的复杂背景下，畜牧产业结构和生产布局发生了一系列深刻的变化，畜牧产业链纵向整合的进程也受到深远影响。本章在此背景下探讨环境规制冲击如何影响畜牧业工商资本深化与产业链纵向整合，不仅有助于全面了解环境规制约束下我国畜牧产业链纵向整合的变化，也能为政府进一步推进实施养殖业环境规制政策，实现以龙头企业为载体的畜牧产业高质量发展提供理论支持。

本章余下部分结构安排如下：第二节梳理 21 世纪以来我国养殖业环境规制政策及其影响效应，第三节构建双重差分模型并检验估计方法的适用性，第四节实证分析环境规制冲击对工商资本整合畜牧产业链的影响，第五节进一步实证检验可能存在的影响路径，第六节为本章小结。

第二节　中国养殖业环境规制政策及其影响效应

一、养殖业环保政策宽松阶段（2013 年之前）

改革开放以来，相对于畜牧业的快速发展，畜禽养殖废弃物的环境管理则明显滞后，大量密集性排放的养殖废弃物给农村与城市的环境带来了严重影响，也发生了多次环境污染事件，畜牧业环保问题受到越来越多的关注。国家针对具体行业出台相应的环境法规和标准都集中在工业部门，涉及农业部门尤其是养殖业的法律法规几乎空白。进入 21 世纪后，畜牧业的规模化和集约化程度不断提升，同时带来的养殖污染问题日益凸显，国家开始加强对规模化畜禽养殖污染的防治工作，生猪产业环境规制逐渐严格。2001 年 5 月，原国家环境保护总局颁布了《畜禽养殖污染防治管理办法》，这是中国首部具体针对畜禽养殖环境污染问题的政策文件，由于文件只是由环保部门单方面出台，法律效力较弱，并不能称为严格意义上的法律文件，在当时并没有发挥应有的规范作用，但是其中对于禁养区的划定及畜禽规模养殖场环境治理的要求为后续的政策文件奠定了基础。之后，为与法律法规相补充，国家出台了一系列的行政规范与行业标准，对畜禽养殖废弃物处理与资源化利用的具体工作作了规范和指导。原国家环境保护总局和国家质量监督检验检疫总局在 2003 年联合发布了《畜禽养殖业污染物排放标准》，规定养殖场必须安装能对粪便、废水进行综合利用的沼气池等设施。2008 年，全国人民代表大会常务委员会修订了《中华人民共和国水污染防治法》，首次将农业面源污染纳入防治范围。此后，环保部门分别于 2009 年、2010 年、2011 年和 2012 年出台了《畜禽养殖业污染治理工程技术规范》《畜禽养殖产地环境评价规范》《农业固体废物污染控制技术导则》《全国畜禽养殖污染防治"十二五"规划》等部门规章。总体来看，这一时期的畜禽养殖环境政策已经初步具备了一定的体系特征，政策的主要方向在于畜禽养殖污染的防治方面，但由于国家农业发展理念尚未转变，主要政策侧重点还是在保证生猪和猪肉供给与促进生猪规模化上，这一阶段针对养殖污染防治的政策以零星颁布的部门规章为主，尚未形成系统完善的法律法规，真正意义上的环境规制强度十分有限。表 6-1 列出了这一时期全国层面的畜禽养殖环境政策。

表 6-1　2001~2013 年全国层面的畜禽养殖环境政策

政策类型	发布时间	发布单位	政策名称
法律法规	2001 年 5 月	原国家环境保护总局	《畜禽养殖污染防治管理办法》
行业标准	2001 年 12 月	原国家环境保护总局	《畜禽养殖业污染物排放标准》
法律法规	2005 年 2 月	全国人大常委会	《中华人民共和国可再生能源法》
法律法规	2005 年 12 月	全国人大常委会	《中华人民共和国畜牧法》
行政规范	2007 年 4 月	原农业部	《全国农村沼气工程建设规划》
法律法规	2008 年 2 月	全国人大常委会	《中华人民共和国水污染防治法》（2008 年修订）
行业标准	2009 年 9 月	原环境保护部	《畜禽养殖业污染治理工程技术规范》
行政规范	2010 年 3 月	原农业部畜牧业司	《农业部关于加快推进畜禽标准化规模养殖的意见》
行业标准	2010 年 12 月	原环境保护部、原农业部	《畜禽养殖业污染防治技术政策》
行业标准	2011 年 6 月	国家质量监督检验检疫总局、国家标准化管理委员会	《畜禽养殖污水贮存设施设计要求》
行业标准	2011 年 12 月	国家质量监督检验检疫总局、国家标准化管理委员会	《畜禽粪便贮存设施设计要求》
行政规范	2012 年 11 月	原环境保护部、原农业部	《全国畜禽养殖污染防治"十二五"规划》
行业标准	2013 年 5 月	原农业部	《沼气工程沼液沼渣后处理技术规范》
法律法规	2013 年 11 月	国务院	《畜禽规模养殖污染防治条例》

资料来源：相关政府部门官方网站。

二、养殖业环保政策收紧阶段（2014 年至今）

2013 年 3 月，上海黄浦江江面上漂浮了大量死猪，造成了极其激烈的舆论风波与严重的社会影响，经调查事故原因是当地高密度的养猪环境加上宽松的病死猪与养殖污染管理措施，导致上游养殖户向河道随意抛弃死猪，"上海黄浦江万头漂浮死猪"事件将在我国被长期忽视的畜禽养殖废弃物治理问题推向了前台。2013 年底，国务院出台并于 2014 年正式实施的《畜禽规模养殖污染防治条例》是针对畜禽养殖环境污染的第一部行政法规，也是当前我国畜禽养殖产业布局调整最清晰的环境规制实践（李晗等，2021），标志着我国畜禽养殖污染治理走向法律化、规范化（赵玥、李翠霞，2021），从此我国畜禽养殖环境治理做到了有法可依、执法必严、违法必究。此后，养殖业环保政策进入井喷期。中国知网生态环境知识资源总库统计数据显示，2014~2020 年有关畜禽养殖污染环保治理的政策法规，国家层面共出台了近 50 条法律法规与政策举措（主要政策措施见表 6-2），地方层面各省市共出台了 224 部文件。2015 年，国务院颁布《水污染防治行动计划》、原农业部发布《关于促进南方水网地区生猪养殖布局调整优化的指导意见》，提出要科学划定畜禽养殖禁养区，关闭或搬迁禁养区内的畜禽养殖场和养殖专业户，对京津冀、长三角、珠三角、南方水网等区域提出更高的环保要求。2016 年，第十四次中央财经领导小组会议明确指出，"力争在'十三五'时期，基本解决大规模畜禽养殖场粪污处理和资源化问题"①。随着《控制污染物排放许可制实施方案》《国务院办公厅关于加快推进畜禽养殖废弃物资源化利用的意见》《关于全面加强生态环境保护　坚决打好污染防治攻坚战的意见》《畜禽粪污资源化利用行动方案（2017~2020 年）》等政策的相继出台，针对畜禽养殖的环保约束在"十三五"时期达到峰值（唐莉、王明利，2020）。

总体来看，这一阶段在我国养殖业污染环保治理的法治化进程中具有"里程碑"式意义，畜牧业生产由此进入新一轮的"环保风暴"时期（Bai et al.，2019）。从政策类型的变化方向来看，这一时期我国的环境政策存在从管制型环境规制向激励型环境规制转变的趋势。国家首先从宏观层

---

① 资料来源于新华社，http://www.gov.cn/xinwen/2016-12/21/content_ 5151201.htm.

表 6-2 2014~2020 年全国层面主要的畜禽养殖环境政策

政策类型	发布时间	发布单位	政策名称
法律法规	2013 年 12 月	国务院	《畜禽规模养殖污染防治条例》
法律法规	2014 年 4 月	全国人大常委会	《中华人民共和国环境保护法》(2014 修订)
法律法规	2015 年 4 月	全国人大常委会	《中华人民共和国畜牧法》(2015 修订)
行政规范	2015 年 5 月	国务院	《全国农业可持续发展规划 (2015~2030 年)》
行政规范	2015 年 11 月	原农业部	《关于促进南方水网地区生猪养殖布局 调整优化的指导意见》
行政规范	2016 年 4 月	原农业部	《全国生猪生产发展规划 (2016~2020 年)》
行业标准	2016 年 10 月	原环境保护部、 原农业部	《畜禽养殖禁养区划定技术指南》
行政规范	2017 年 5 月	国务院	《国务院办公厅关于加快推进畜禽养殖 废弃物资源化利用的意见》
法律法规	2017 年 6 月	全国人大常委会	《中华人民共和国水污染防治法》 (2017 修正)
行政规范	2017 年 8 月	国家发展改革委、 原农业部	《关于整县推进畜禽资源化利用工作的通知》
法律法规	2017 年 12 月	国务院	《中华人民共和国环境保护税法实施条例》
行业标准	2018 年 1 月	农业农村部	《畜禽粪污土地承载力测算技术指南》
行政规范	2020 年 6 月	农业农村部、 生态环境部	《关于进一步明确畜禽粪污还田利用要求 强化养殖污染监管的通知》

资料来源：相关政府部门官方网站。

面对生猪养殖布局作出调整，重点推进了禁养区的划定工作，期望通过限制部分区域的养殖活动实现控制污染的目的。2016 年出台的《全国生猪生产发展规划(2016~2020 年)》，对全国养殖区域进行了划分，政策主张将养殖主产区由土地承载力较低的约束发展区向土地承载力较高的潜力增长区转移。国家根据地区环境承载力调整生猪布局的指导思想是科学合理的，但是在政策实际执行过程中，某些地方政府为尽快完成禁养限养的任务，出现了强制关停养殖场、"一刀切"设立禁养区的问题，对生猪养殖业的正常发展造成了较为严重的负面影响。认识到单纯依赖管制政策带来的弊端后，国家一方面及时整改了"过度执法"的现象，于 2019 年组织规范了对畜禽养殖禁养区的划定和监督管理，撤销了约1.4万个无法律法规依据规定的禁养区；另一方面适时调整了政策方向，加大经济激励措施，通过补助和优惠政策鼓励养殖场采用粪污资源化利用技术，以实现区域内的种养结合，从而解决污染问题。其中，能源化利用作为我国畜禽粪污资源化利用的主导方式，得到了国家财政的大力支持。

三、养殖业环境规制政策的产业结构调整效应

根据唐丽娟和袁芸（2014）的研究，环境规制引起的产业结构调整至少通过如下两条机制促进畜牧企业在养殖环节的扩张：一是"市场进入—退出"机制，在位养殖企业被迫增添清洁生产设备等专用性投资以符合环保要求，在无形中提高了养殖环节的资产专用性水平，提高了大中规模在位企业的退出壁垒，同时也提高了不在位企业的进入门槛，从而构成了环境规制强度升级后在位企业得以存续的基本前提；二是"养殖成本—收益"机制，养殖环节清洁设备投入导致成本增加利润率降低，小散养殖户因缺乏改造升级资本而大量退出，符合环保要求的中大规模企业要想继续扩大市场，则要把握"市场进入—退出"机制可能带来的超额利润，从而构成了环境规制强度升级后在位企业得以继续扩张的必要条件，但会吸引不在位企业进入养殖环节。

以生猪养殖为例，如表6-3所示，2010～2013年"一揽子"环境规制政策实施之前，各种规模的养殖户均能获得较为可观的利润，尽管散养户成本利润率自2012年就开始受到一些负面影响，但大、中、小规模养殖户在政策实施前均保持了正的成本利润率。2014年环境规制政策密集出台后，各地方政府不断提高畜禽养殖的环保标准，迫使各类经营主体增加养殖投入成本以维持清洁生产所需，畜禽养殖环节的成本大幅提高、利润空间被压缩，再叠加周期性价格波动的影响，中小规模和散养户的养殖成本利润率均大幅下降，其中散养户的成本利润率在政策实施的第一年最低达到了-13.13%，大量小散养殖户因此退出养殖环节。而可以对抗风险的大规模龙头养殖企业乘势加速占领市场，从而提高了养殖环节的资本密集程度。养殖环节的"市场进入—退出"机制导致供给端产能下降、推动生猪市场价格上涨，养殖环节在政策实施后的短期内形成超额利润空间，经过政策高压而得以在养殖环节存续的在位企业有了进一步扩张的动机，不

在位企业也被超额利润吸引而不断进入养殖环节。

表 6-3 养殖业环境规制政策实施前后分规模生猪养殖成本利润率差异

单位：%/头

阶段	年份	大规模（1000 头以上）	中规模（100~1000 头）	小规模（30~100 头）	散养（30 头以下）
政策实施前	2010	10.76	13.61	11.54	7.26
	2011	29.97	32.22	31.18	23.95
	2012	8.47	9.16	7.64	−1.82
	2013	7.22	7.52	4.63	−5.73
政策实施后	2014	0.15	−0.44	−2.31	−13.13
	2015	15.12	15.34	10.34	−0.44
	2016	15.17	23.13	20.36	7.99
	2017	8.83	7.86	3.55	−8.98
	2018	2.87	2.02	−2.57	−12.57
	2020	62.50	56.11	54.27	42.31

注：资料来源和规模划分依据《全国农产品成本收益资料汇编（2011~2021 年）》，其中 2019 年资料缺失。

如表 6-4 所示，2014 年"一揽子"养殖业环境规制政策实施后，在位企业如温氏、牧原、正邦等传统养殖业资本因拥有"先发优势"而得以迅速扩张，在较短时间内实现了出栏量的跨越式增长，增量位居前三，而不在位企业如新希望、天邦和大北农等传统饲料企业也转而加快在养殖业的布局，出栏量的增幅较大，生猪养殖环节 CR10 从 2014 年的 3.5%迅速提高到 2019 年的 9.4%。用畜牧产业链核心环节资本密集程度来反映这一变化如图 6-1 所示，养殖业环保政策宽松阶段，中游养殖环节资本密集程度呈现波动下降的趋势，而产业链上下游加工环节资本密集程度正常上升。养殖业环境规制强度升级之后，中游养殖环节本密集程度增长速度出现较为明显的提升，其中包含了在位企业的加速扩张和不在位企业的布局进入。相比之下，产业链上下游加工环节的资本密集程度则因中游养殖环节的"虹吸"作用而增速放缓。综上所述，环境规制政策带来的养殖产业结构调整效应在养殖环节创造了超额利润空间，吸引了在位企业的加速扩张和不在位企业的进入，养殖环节的资本密集程度得到进一步提高，畜牧企业资本实力和产业链整合动机得到加强。

表 6-4 养殖业环境规制强度提高前后国内畜牧龙头企业生猪养殖扩张情况

单位：万头

企业	2011 年	2014 年	2019 年	提高前增幅（%）	提高后增幅（%）
温氏	663.56	1218.27	1851.66	83.60	51.99
牧原	60.98	185.90	1025.33	204.85	451.55
正邦	58.38	145.95	578.40	150.00	296.30
新希望	—	57.28	354.99	—	519.75
正大	—	300.00	350.00	—	16.67
天邦	—	45.97	243.94	—	430.65
双胞胎	—	10.00	200.00	—	1900.00
中粮	102.40	230.00	199.00	124.61	-13.48
大北农	—	18.00	162.84	—	804.67
扬翔	—	80.00	150.00	—	87.50
CR10	—	3.5	9.4	—	5.9

注：受 2018 年非洲猪瘟疫情影响，温氏和中粮的生猪养殖业务增幅大幅降低，甚至出现负增长。

资料来源：布瑞克农业数据库。

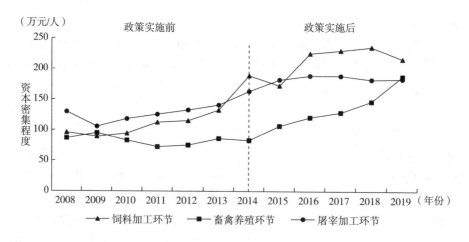

图 6-1 养殖业环境规制政策实施前后畜牧产业链核心环节资本密集程度变化

资料来源：根据畜牧业及其关联产业上市企业样本计算得到。

四、养殖业环境规制政策的生产布局转移效应

由于南方地区水网密布，人口密集且经济发展水平高，畜禽养殖环境承载力较低，率先采取了相对严厉的环境规制措施。2015 年，原农业部发布《关于促进南方水网地区生猪养殖区域布局调整优化的指导意见》和《全国生猪生产发展规划（2016～2020 年）》，明确将南方水网地区与京津沪地区划定为"约束发展区"，指出该区域养殖产能应逐渐往稳中有降的趋势调整。如表 6-5 所示，南方水网地区的江苏和浙江两省在积极关停和转移畜禽养殖场的同时加大了对畜禽粪污治理的财政扶持。由于 2013 年黄浦江死猪事件的源头是浙江嘉兴地区管理不善的养殖区域，因此浙江首当其冲，率先开展了畜禽养殖场环境清查工作，2014 年已有 74600 个养殖场被关停，2017 年江苏省开展"两减六治三提升"专项行动，各地也加快了畜禽养殖场禁养和搬迁工作，2017 年江苏关停养殖场 10372 个。

表 6-5 2014～2017 年江苏、浙江两省畜禽环境规制实施情况

年份	江苏省		浙江省	
	关停养殖场数量（个）	畜禽粪污治理扶持资金（亿元）	关停养殖场数量（个）	畜禽粪污治理扶持资金（亿元）
2014	1218	2.96	74600	1.11
2015	2691	1.06	8329	0.86
2016	4287	1.47	15108	2.16
2017	10372	1.34	2081	2.3

资料来源：农业农村部和《中国畜牧兽医年鉴》。

与此同时，在《全国生猪生产发展规划（2016～2020 年）》中，山西省、西北五省份（陕西、甘肃、青海、宁夏、新疆）和西藏自治区被划定为"适度发展区"，打造优质高端特色畜牧产业；将东北三省（黑龙江、吉林、辽宁）、云南、贵州和内蒙古划定为"潜力增长区"，发挥资源禀赋优势，促进其成为我国畜禽产量增加的主要区域；将华北三省（山东、河北、河南）、海南省和西南地区划定为"重点发展区"，继续保持传统畜禽主产区

地位,促进其成为稳定我国畜禽产品供给的核心区域。从而引导各地养殖场特别是规模化龙头养殖企业产能向"重点发展区"和"潜力增长区"进行大规模转移和集聚,"约束发展区"则相应地大幅削减产能。如表6-6所示,2010~2013年养殖业环境规制政策密集出台实施前,各区域生猪产能变化幅度并不明显;而在2014年政策实施后,"约束发展区"的产能迅速下降超过5个百分点,"重点发展区"和"潜力增长区"的产能均上升2个百分点,"适度发展区"的产能也有小幅上升。

表6-6 养殖业环境规制政策实施前后国内生猪区域出栏全国占比

单位:%

阶段	年份	重点发展区	潜力增长区	适度发展区	约束发展区
政策实施前	2010	38.70	17.00	4.40	39.90
	2011	38.14	16.90	4.53	40.43
	2012	37.97	16.93	4.62	40.48
	2013	38.11	16.99	4.71	40.19
政策实施后	2014	38.38	17.02	4.70	39.90
	2015	38.51	17.05	4.69	39.75
	2016	38.36	17.30	4.69	39.65
	2017	39.06	18.45	4.82	37.67
	2018	39.81	18.23	4.95	37.01
	2019	40.11	18.65	5.02	36.22
	2020	40.92	18.94	5.11	35.03
变化趋势		︵	︵	︵	︵

注:各区域划分依据《全国生猪生产发展规划(2016~2020年)》。

资料来源:《中国统计年鉴(1981~2021年)》。

养殖业环境规制政策带来的生产布局转移效应是显而易见的,市场条件下形成的养殖布局受到政策冲击在区域间转移和集聚,引起畜牧企业在

"约束发展区"养殖环节的市场退出和在"重点发展区""潜力增长区"养殖环节的市场进入，而产业链其他环节的企业生产布局没有受到明显的政策影响。虽然这是政策冲击和市场机制下资源再配置形成的结果，但导致了养殖环节与其他环节的市场分离，改变了原有的畜禽区域间流通格局，引起产消地分离和广域运输（陈瑶生等，2015），造成产品损耗与品质下降，增加交易成本。此外，《全国农产品成本收益资料汇编（2021）》显示，畜禽养殖业的饲料消耗量较大，饲料购买和运输成本在养殖总成本中占比超过40%，且有进一步增加的趋势。因此，环境规制的生产布局转移效应引起了养殖环节集中度的进一步提高，扩大了饲料主产区和定点屠宰区与畜禽主产区之间的地理距离，增加了产品或原料运输的成本和损耗，从而放大了畜牧产业链各环节的市场风险，并提高了企业市场交易成本，倒逼企业加深对产业链的纵向整合。

第三节　实证研究设计

一、模型设定与变量选取

基于上一节政策背景梳理不难发现，2014年起开始施行的《畜禽规模养殖污染防治条例》将我国生猪养殖环境规制分为两个历史阶段，这为本章的研究提供了一个"准自然试验"。从既有文献来看，对于这种外生政策冲击的影响效应评估，传统方法是利用年份虚拟变量代表政策，但技术进步及时间趋势等因素的影响会夹杂在年份虚拟变量中，所得到的回归系数并不是纯粹的政策效应，不能运用简单的回归模型估计政策的边际影响。另一种方法是使用环保政策出台数量作为政策强度的代理变量，虽然消除了前种方法的弊端，但环保政策数量属于地区层面的政策变量，无法获取各企业受到的政策强度差异，与此同时，各地区的政策出台数量很可能与当地养殖业发展水平相关，从而引起政策变量的内生性问题，因而为政策寻找合适的工具变量比较困难。综上所述，本章拟采用专门的政策评估方法——"双重差分"法评估养殖业环境规制政策的影响效应。双重差分方法有一套严谨的计算体系，可以避免第一种方法中存在的问题，也能很好地控制第二种方法中的内生性问题。

科学区分对照组和处理组是使用双重差分方法的关键所在，在某一时间点受到政策影响的个体构成处理组（Treatment Group），而在同时期未受政策影响的另外一些个体构成了对照组（Comparison Group）。在政策实施前后，如果处理组和对照组的其他条件具有同质性或者相同的趋势，则可以采用双重差分方法考察政策实施对处理组相关指标的影响（Meyer，1995）。在本书中，由于环保政策实施初期就已经在全国范围内铺开，政策范围涵盖所有畜禽养殖部门等，无法使用地区和养殖品种划分处理组和对照组。从畜牧产业链角度来看，虽然从上游饲料加工到下游屠宰加工等核心环节都处于资本深化进程中，但环境规制政策仅针对中游养殖环节，因而本书尝试以养殖环节为处理组，上下游加工环节为对照组。按照双重差分法的基本设计方法，基于 2008～2019 年企业面板数据设定如下基准回归方程：

$$V_{it} = \alpha + \beta_1 Reg_{ijt} + \beta_2 Z_{ijt} + Ind_{it} + Year_{ij} + \varepsilon_{ijt} \tag{6-1}$$

式中：i 为企业个体；j 为企业所在环节；t 为时期；Reg_{ijt} 为核心解释变量，由两个虚拟变量相乘（$D_{ijt} \cdot T_{ijt}$）组成，表示企业所在环节在该年是否受到环境规制政策影响。其中，虚拟变量 D_{ijt} 为企业所在环节是否受到环境规制政策影响，如果在样本期间内受到影响则取值为 1，否则为 0；虚拟变量 T_{ijt} 为政策实施时间，如果在第 t 年实施，则第 t 年之前年份均赋值为 0，第 t 年及其之后年份均赋值为 1。Z_{ijt} 为一系列反映企业个体特征和经营状况的控制变量，包括年龄、规模、所有权性质、资产负债率和政府补贴率，指标具体含义与第五章相同，变量描述性统计结果如表 6-7 所示。此外，还控制了非观测性的行业 Ind_{it} 和年份 $Year_{ij}$ 特征[①]，以及同时因时间和地区而变的不可观测的特异扰动项 ε_{ijt}。关键系数 β_1 反映了环境规制政策对工商资本整合畜牧产业链产生的净效应，符号为正时，表明环境规制政策促进了工商资本对畜牧产业链的纵向整合，反之则抑制。

---

① 因固定效应模型中控制了行业和年份特征，故不再加入交互项的单独项，以免引起多重共线性问题。

表6-7 变量描述性统计结果

变量	含义	组别	均值	标准差	最小值	最大值
企业规模	总资产 自然对数	总体	21.9506	1.1626	19.1412	24.6810
		组间		1.0406	20.2369	24.4305
		组内		0.5421	20.1217	23.4454
企业年龄	企业经营年龄	总体	14.5372	5.4620	1.0000	27.0000
		组间		4.6384	5.5000	24.0000
		组内		3.1534	9.0372	20.0372
企业资产负债率	债务总额/ 资产总额	总体	0.4378	0.1744	0.0311	1.1077
		组间		0.1362	0.1041	0.7575
		组内		0.1114	0.0123	0.8653
政府补贴率	政府补贴项目 金额/营业收入	总体	0.0042	0.0079	0	0.0773
		组间		0.0050	0.0004	0.0207
		组内		0.0061	-0.0120	0.0647
企业产权性质	国有企业=1 民营企业=2 外资企业=3	总体	1.7234	0.5144	1.0000	3.0000
		组间		0.4862	1.0000	3.0000
		组内		0.0494	1.6401	2.6401
企业资本密集程度 （机制变量1）	人均固定资产 拥有量	总体	13.9588	0.6967	10.3145	15.8573
		组间		0.5331	12.7126	15.0470
		组内		0.4528	11.5607	15.9025
企业外生交易费用 （机制变量2）	销售费用率	总体	0.0684	0.0719	0.0022	0.3911
		组间		0.0643	0.0035	0.2762
		组内		0.0282	-0.0137	0.3812

二、双重差分方法适用性检验

1. 假设前提一：政策实施前对照组和处理组纵向整合程度的走势具有相同的趋势

尽管处理组与对照组存在差异，但只要在政策实施前它们的发展趋势一致，那么仍可以说明这个对照组是合适的（Meyer，1995）。如图6-2所示，畜禽养殖和上下游加工环节的纵向整合程度和变化趋势都存在一定差异。但在2014年之前，畜禽养殖环节和上下游加工环节纵向整合程度之

中国畜牧产业链的纵向整合

间的差异基本上保持稳定，因而这些差异对环境规制政策效应的影响可以得到有效控制。同时借鉴周晶等（2015）的做法，以畜禽养殖和上下游加工环节纵向整合程度的一阶差分值作为被解释变量，以是否养殖环节这一虚拟变量（养殖环节赋值为1，其他环节赋值为0）为解释变量，利用2008~2013年企业面板数据，考察处理组和对照组在环境规制政策实施之前纵向整合程度的趋势特征。从表6-8列（1）的固定效应回归结果来看，"是否养殖环节"对纵向整合程度一阶差分值的影响不具有统计显著性，表明对照组和处理组纵向整合程度的差异在政策实施之前并没有发生明显的变化。

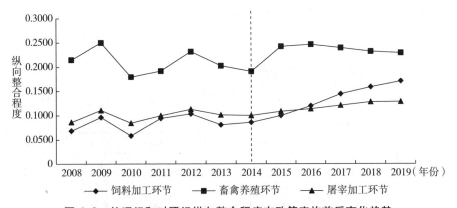

图6-2 处理组和对照组纵向整合程度在政策实施前后变化趋势

注：处理组为产业链中游畜禽养殖环节，对照组为产业链上下游加工环节。

表6-8 双重差分方法适用性的检验结果（FE）

解释变量	系数估计值	
	（1）	（2）
是否养殖环节	0.0384 (1.29)	—
环境规制政策实施	—	0.0145 (1.20)
控制变量	是	是
常数项	0.0841 (1.37)	0.164* (1.71)
R^2	0.017	0.033
观测值	109	253

注：括号内为 t 值。

2. 假设前提二：养殖业环境规制政策实施对产业链上下游加工环节没有直接影响

本章使用的双重差分方法还需要满足环境规制政策对产业链上下游加工环节的纵向整合不构成直接影响这一前提条件。根据上文对环境规制政策背景的梳理可以发现，目前国内出台的畜禽环境规制政策主要针对养殖业，饲料和屠宰加工行业并未在政策覆盖范围内，因而对产业链加工环节造成直接影响的可能性并不大。同时，本章利用 2008~2019 年企业面板数据对养殖业环境规制政策是否直接影响产业链上下游加工环节的纵向整合进行了统计检验，以上下游加工环节纵向整合程度作为被解释变量，以年份虚拟变量代表养殖业环境规制政策实施（2014 年以前赋值为 0，2014年及以后赋值为 1）作为解释变量，表 6-8 列（2）的固定效应回归结果表明，养殖业环境规制政策实施并未显著影响上下游加工环节纵向整合程度。当然，养殖业环境规制政策对畜牧产业链加工环节也不可避免地存在一定的间接影响，如可能会促进上下游加工环节的企业向中游养殖环节进行整合，但这一间接影响在模型估计过程中可以得到有效控制。

第四节　实证结果分析

一、基准回归结果

基于固定效应模型对式（6-1）进行估计，考虑到样本数据可能存在截面异方差序列相关问题，同时采用对异方差和序列相关都稳健的可行广义最小二乘法（FGLS）进行参数估计，两种估计方法的结果如表 6-9 所示。回归结果表明，替换不同方法得到的核心解释变量估计系数相近，在控制了行业和年份固定效应后，无论是产业链整体的纵向整合程度还是企业的整合方向，环境规制政策的系数均在 1% 水平上显著为正，即环境规制政策显著促进了养殖业工商资本对畜牧产业链的纵向整合。从固定效应模型的估计系数来看，与产业链上下游加工环节相比，2014 年养殖业环境规制政策实施之后，畜牧产业链纵向整合程度提高了 0.0198，养殖企业前向整合程度提高了 0.0403，后向整合程度提高了 0.0323，相较而言，对养殖企业前向整合的促进作用更大。从贡献率来看，2014~2019 年畜牧产业链纵向整合程度均值为 0.1646，养殖企业前向整合程度均值为 0.1166，后向整合程度均值为 0.0690，其中，养殖业环境规制政策对畜牧产业链纵向整合程度提高的贡献率为 12.03%，对养殖企业前向整合程度提高的贡献率为 34.56%，对养殖企业后向整合程度提高的贡献率为 46.81%。因此，养殖业环境规制政策作为外生冲击确实加速了工商资本整合畜牧产业链的进程。

表 6-9　环境规制政策影响工商资本整合畜牧产业链的回归结果（DID）

变量	符号	产业链纵向整合程度		企业前向整合程度		企业后向整合程度	
		(1)	(2)	(3)	(4)	(5)	(6)
		FE	FGLS	FE	FGLS	FE	FGLS
养殖业环境规制	Reg	0.0198*	0.1047***	0.0403***	0.1503***	0.0323***	0.0333***
		(1.64)	(6.54)	(2.65)	(10.34)	(2.68)	(6.83)
企业规模	Scale	0.0260**	-0.0349***	0.0157	-0.0129***	0.0121	0.0018
		(2.03)	(-6.19)	(1.54)	(-3.51)	(1.49)	(1.33)
企业年龄	Age	0.0010	0.0016*	0.0030	0.0012*	-0.0026	0.0000
		(0.36)	(1.65)	(1.41)	(1.77)	(-1.52)	(0.12)
资产负债率	Lev	-0.0835**	0.0059	-0.0653**	0.0006	-0.0103	0.0164**
		(-2.24)	(0.15)	(-2.20)	(0.03)	(-0.44)	(2.26)
政府补贴率	Sub	-0.8529	-1.4106*	0.2539	-0.2896	-1.0617***	-0.3441
		(-1.39)	(-1.88)	(0.52)	(-0.66)	(-2.72)	(-1.44)
产权性质	Natu	-0.0316	0.0059	-0.0334	-0.0068	0.0039	-0.0075
		(-0.43)	(0.43)	(-0.57)	(-1.17)	(0.08)	(-1.62)
常数项	Cons	-0.3433	0.8123***	-0.2167	0.4084***	-0.1588	-0.0624**
		(-1.20)	(6.69)	(-0.95)	(5.26)	(-0.88)	(-2.15)
行业固定效应	Ind	Yes	Yes	Yes	Yes	Yes	Yes
年份固定效应	Year	Yes	Yes	Yes	Yes	Yes	Yes
R^2/Wald 值		0.138	110.53***	0.178	280.57***	0.189	75.20***
观测值	N	362	362	362	362	362	362

注：括号内为 t 值，*、**、***分别表示在 10%、5%、1%的置信水平上具有统计显著性。

二、平行趋势检验

由于模型(6-1)使用了双重差分思想，为确保回归结果的可识别性，需要检验对照组和处理组的平行趋势。如图6-3所示，将养殖业环境规制政策实施当期设定为基期，政策实施前各期系数估计值未呈现明显的趋势性变动，且均不具有统计显著性，即在养殖业环境规制政策实施后具有显著性差异的企业，其纵向整合程度在政策实施前并未表现出系统性的差异，满足平行趋势假设。同时，环境规制政策实施后1~4期系数估计值显著为正，表明政策实施后，畜牧产业链的纵向整合程度受到显著正向影响，但这一正向影响呈现先增后减的倒"U"型特征，影响效应在政策实施后的第3期达到最大。平行趋势检验结果表明，养殖业环境规制政策虽然在短期内会促进工商资本整合畜牧产业链，但随着时间的推移，规制强度在某一时期达到顶峰后，其对产业链纵向整合的促进作用也会逐渐减弱。

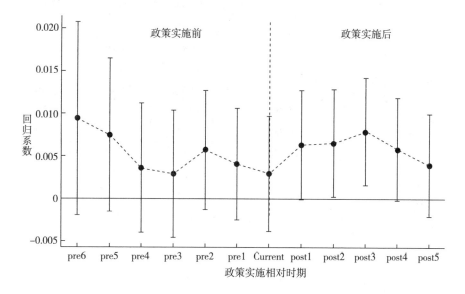

图6-3　平行趋势检验

注：各期回归系数均为与基期的相对值，实心点为各期系数点估计，短竖线为95%水平下置信区间；pre1，pre2…pre6分别代表政策实施前1、2…6期，Current代表政策实施当期，post1，post2…post6分别代表政策实施后1，2…6期。

三、稳健性检验

本部分进行了一系列稳健性检验以进一步验证上述研究结论的可靠性和稳定性。一是更换被解释变量衡量指标，与第五章类似，使用样本上市公司 2008~2019 年每期发生的、作为收购方的有效纵向并购次数替换基准模型中的纵向整合程度作为企业纵向整合行为的代理变量，同样基于双重差分方法进行再回归估计，结果如表 6-10 列（1）所示。可以发现，环

表 6-10　稳健性检验结果（DID）

检验方法		替换被解释变量衡量指标	改变政策实施时间		
变量	符号	企业纵向并购次数	产业链纵向整合程度	企业前向整合程度	企业后向整合程度
		（1）	（2）	（3）	（4）
养殖业环境规制	Reg	0.4712*	0.0066	0.0123	0.0158
		（1.64）	（0.38）	（0.88）	（0.94）
企业规模	Scale	0.3616***	0.0239*	0.0134	0.0128
		（2.71）	（1.87）	（1.30）	（1.58）
企业年龄	Age	0.0296	0.0018	0.0038*	-0.0027
		（0.89）	（0.67）	（1.74）	（-1.55）
资产负债率	Lev	-1.4956*	-0.0718*	-0.0528*	-0.0136
		（-1.84）	（-1.93）	（-1.77）	（-0.58）
政府补贴率	Sub	2.1472	-0.8380	0.2540	-1.0440***
		（0.12）	（-1.36）	（0.51）	（-2.67）
产权性质	Natu	0.3353	-0.0345	-0.0373	0.0057
		（1.31）	（-0.47）	（-0.63）	（0.12）
常数项	Cons	-4.6513*	-0.3059	-0.1728	-0.1749
		（-1.76）	（-1.07）	（-0.75）	（-0.97）
行业固定效应	Ind	Yes	Yes	Yes	Yes
年份固定效应	Year	Yes	Yes	Yes	Yes
R^2		0.180	0.083	0.161	0.136
观测值	N	379	362	362	362

注：括号里为 t 值，*、**、*** 分别表示在 10%、5%、1% 的置信水平上具有统计显著性。

境规制政策的实施显著增加了畜牧企业有效纵向并购次数，促进了企业纵向整合行为。二是改变环境规制政策实施时间进行安慰剂检验，养殖业环境规制政策于 2014 年开始密集出台实施，本部分构建了一个反事实，将政策实施年份提前到 2012 年，设定虚假时期虚拟变量，并形成交互项引入基准回归模型，若政策变量仍然显著则表明并非环境规制政策的影响，可能还存在其他干扰因素。若政策变量不显著，则表明基准回归结果是稳健的，如表 6-10 列（2）至列（4）所示，改变政策实施时间后环境规制的系数并不显著，从而证实了基准回归结果的稳健性。

第五节　影响机制的计量识别

根据第三章的理论机制分析，环境规制政策实施在养殖环节产生了产业结构调整效应和生产布局转移效应，加速了工商资本在养殖环节的扩张速度和规模，同时提高了企业外生交易成本，最终影响了工商资本对畜牧产业链的纵向整合。

厘清上述影响路径具有重要的政策含义，本节结合宏观产业数据和微观企业数据探讨上述影响路径是否存在，为理论机制提供经验证据支撑。具体地，通过估计环境规制政策对养殖环节资本密集程度和企业外生交易成本变化的影响识别其作用机制，计量方法借鉴董艳和刘佩忠（2021）的思路构建如下模型，采用三步骤 DID 方法检验影响机制。模型（6-2）中 M 代表畜牧企业资本密集程度和外生交易费用这两个机制变量，其他变量含义与模型（6-1）相同。其中，方程一中系数 β_1' 直接考察环境规制对两个中间机制变量的影响，方程二与模型（6-1）相同，系数 β_1 捕捉环境规制对畜牧产业链纵向整合的总效应，方程三在模型（6-1）的基础上加入中间机制变量 M，系数 β_2'' 分离出中间机制变量对畜牧产业链纵向整合的影响，系数乘积 $\beta_1' \cdot \beta_2''$ 即中介效应，识别养殖业环境规制对畜牧产业链纵向整合的影响机制，其对总效应的贡献率为 $\beta_1' \cdot \beta_2'' / \beta_1$。表 6-11 汇报了上述机制检验结果，列（1）对应方程一，列（2）、列（4）、列（6）对应方程二，列（3）、列（5）、列（7）对应方程三。

$$\begin{cases} M_{ijt} = \beta_0' + \beta_1' Reg_{ijt} + \beta_2' Z_{ijt} + Ind_{it} + Year_{ij} + \varepsilon_{ijt}' \\ V_{ijt} = \alpha + \beta_1 Reg_{ijt} + \beta_2 Z_{ijt} + Ind_{it} + Year_{ij} + \varepsilon_{ijt} \\ V_{ijt} = \beta_0'' + \beta_1'' Reg_{ijt} + \beta_2'' M_{ijt} + \beta_3'' Z_{ijt} + Ind_{it} + Year_{ij} + \varepsilon_{ijt}'' \end{cases} \qquad (6-2)$$

表 6-11 影响机制检验结果（DID）

列	(1)	(2)	(3)	(4)	(5)	(6)	(7)
Panel A：资本密集程度影响机制							
变量	企业资本密集程度	产业链纵向整合程度	产业链纵向整合程度	企业前向整合程度	企业前向整合程度	企业后向整合程度	企业后向整合程度
养殖业环境规制	0.4585***	0.0198*	0.0323*	0.0403***	0.0423***	0.0323***	0.0208*
	(7.40)	(1.64)	(1.78)	(2.65)	(2.94)	(2.68)	(1.80)
企业资本密集程度			0.0149		0.0099		0.0081
			(1.03)		(1.06)		(1.09)
控制变量	Yes	Yes	Yes	Yes	Yes	Yes	Yes
R^2	0.283	0.138	0.118	0.178	0.164	0.189	0.124
中介效应占比		36.50%		11.91%		12.16%	
Panel B：外生交易费用影响机制							
变量	企业销售费用率	产业链纵向整合程度	产业链纵向整合程度	企业前向整合程度	企业前向整合程度	企业后向整合程度	企业后向整合程度
养殖业环境规制	0.0305***	0.0198*	0.0318*	0.0403***	0.0397***	0.0323***	0.0189*
	(6.65)	(1.64)	(1.78)	(2.65)	(2.79)	(2.68)	(1.65)
企业销售费用率			0.2198*		0.0758		0.1154
			(1.64)		(0.52)		(0.99)
控制变量	Yes	Yes	Yes	Yes	Yes	Yes	Yes
R^2	0.290	0.138	0.122	0.178	0.162	0.189	0.052
中介效应占比		33.86%		5.74%		10.90%	
观测值	372	362	362	362	362	362	362

注：括号内为 t 值，*、**、*** 分别表示在 10%、5%、1% 的置信水平上具有统计显著性。

其中，Panel A 为环境规制的产业结构调整效应通过提高畜牧企业资本密集程度影响纵向整合的作用机制。在控制了行业和年份固定效应后，列（1）显示环境规制政策实施后，与产业链上下游加工环节相比，养殖环节资本密集程度显著提高，即 2014 年环境规制政策密集出台实施之后，通过产业结构调整效应，促使养殖环节资本密集程度提高了 45.85%。

Panel B 为环境规制的生产布局转移效应通过增加企业外生交易成本影响纵向整合的作用机制。考虑到生产布局转移效应主要通过产消分离增加产品或原料运输成本和损耗，从而提高畜牧企业的市场交易费用，故选取企业当期销售费用率作为其外生交易成本的衡量维度。在控制了行业和年份固定效应后，列（1）显示环境规制政策实施后，与产业链上下游加工环节相比，养殖企业销售费用率所反映的外生交易费用显著提高，即 2014 年环境规制政策密集出台实施之后，通过生产布局转移效应，畜禽养殖企业的销售费用率提高了 3.05%。

列（2）至列（7）的回归结果显示，中介效应系数乘积 $\beta_1' \cdot \beta_2''$ 显著为正，意味着环境规制政策可以通过提高养殖环节资本密集程度和企业销售费用率对畜牧产业链纵向整合产生正向的中介效应。其中，资本密集程度路径的中介效应占总效应的比例为 36.50%，销售费用率路径的中介效应占总效应的比例为 33.86%。综上所述，环境规制政策实施引起的产业结构调整效应促使养殖环节的资本密集程度得到提高，生产布局转移效应使养殖企业的外生交易费用进一步提高，从而倒逼企业加速对产业链的纵向整合。至此，假说 2 得到验证。

第六节　本章小结

以 2014 年出台的《畜禽规模养殖污染防治条例》为代表的"一揽子"养殖业环境规制政策法规已经取得一定环保成效，但其作为一种较强的外生冲击，对畜牧产业链纵向整合的进程也产生了深刻影响，作为养殖业环境规制的主要干预对象，规模养殖企业的应对行为也受到了政学两界的广泛关注。但既有研究对环境规制与畜牧产业链整合之间关系的认识还不够充分，且尚未厘清环境规制影响产业链中企业整合决策的机制，从而难以很好地解释和理解近年来畜牧产业链加速整合发展的事实，以及背后所隐含的驱动机制。本章从工商资本深化和外生交易成本变化的视角，阐释了养殖业环境规制政策实施如何影响畜牧工商资本深化与产业链纵向整合，并利用 2008~2019 年 A 股上市畜牧企业的财务面板数据，基于双重差分方法评估了政策实施的影响效应，主要结论如下：

第一，养殖业环境规制显著促进了工商资本对畜牧产业链的纵向整合，且对企业前向整合的促进作用更大，表明在环境规制约束下，畜牧企业能够更多地整合产业链下游产品销售渠道。在替换企业有效纵向并购次数来衡量企业纵向整合行为后，研究结果仍然保持稳健。

第二，从影响路径来看，养殖业环境规制政策的实施，一方面在养殖环节形成产业结构调整效应，通过"养殖成本—收益"机制和"市场进入—退出"机制，倒逼小散养殖户大量退出，加速工商资本在养殖环节的扩张速度和规模，促使养殖环节的资本密集程度提高了 48.45%；另一方面在养殖环节引起生产布局转移效应，通过进一步提高养殖环节集中度，扩大饲料主产区、定点屠宰区与畜禽主产区之间的地理距离，增加产品或原料运输成本和损耗，提高了养殖企业外生交易成本，使销售费用率上升了 3.05%，最终加速了畜牧产业链纵向整合的进程。其中，资本密集程度提高对总效应的贡献率为 36.50%，外生交易费用提高对总效应的贡献率为 33.86%。

本章在梳理中国畜牧业环境规制的历史脉络、主要特征和政策背景下，从理论和实证两个方面，探讨了养殖业环境规制的产业结构调整效应和生产布局转移效应，是研究环境规制对企业纵向整合影响的一次深入探索，为相关文献提供了新颖的研究视角，并呈现了一些基于翔实数据和严谨分析的经验发现。这些研究结果不仅有助于全面了解环境规制约束下我国畜牧产业链纵向整合的变化，也对政府进一步推进实施养殖业环境规制政策具有一定的现实意义。

第七章
畜牧产业链纵向整合的实践案例

第一节 问题提出

随着畜牧企业的纵向边界向养殖环节不断延伸，其与养殖户之间形成了纵向一体化的组织形态和多样化的交易方式。大量理论研究和实践案例表明，以龙头企业为载体的纵向一体化模式可分为两大类：一类是以"公司+农户"为代表的商品契约模式，另一类是以雇佣关系为代表的要素契约模式。如温氏等畜牧龙头企业通常采取商品契约模式，充分利用养殖户的基础设施和劳动力，不仅可以带动当地农户就业增收和产业快速发展，还能降低固定资产投入和劳动力成本，实现低成本的规模快速扩张。而以牧原为代表的畜牧龙头企业采取要素契约模式，通过自建养殖场，雇用农户集中进行种猪繁育、猪苗的培育和生猪育肥等全部生产过程，以养殖的自动化、安全可追溯的全产业链生产，实现了对产品品质的保障。现实中，这两种截然不同的经营模式可能应用于同一畜禽品种，也可能被引入同一地区并推广发展，究竟是什么因素决定龙头企业选择不同的农业契约模式并内嵌到行业和地区中？不同地区的政府部门应该如何复制推广合适的农业产业组织模式？

近年来，工商资本深化推动了我国畜牧业进入产业化的快速发展阶段，同时带来了产业链核心环节的分离，导致各环节内生出的市场风险不断被放大。与此同时，畜禽养殖业环保风暴愈演愈烈，有关养殖污染环保治理的政策法规层出不穷，特别是在禁养区和限养区划定初期，一些地方政府以环保的名义强制拆除了大量小散养殖场，"一刀切"的环保治理手段对当地畜牧产业的发展造成了深刻影响。国内畜牧企业正面临环境、市场和政策等多重不确定性叠加的复杂局面。在这样的现实背景下，饲料加工企业希望保障稳定的产品销售渠道，养殖企业需要更好地利用产业组织规避生产风险，屠宰加工企业则期望能够保证畜禽活体的安全供给，而消费者对优质安全的畜禽产品也有着迫切需求，这就要求畜牧产业链各环节之间建立更加紧密的协作关系。因此，产业链纵向整合的经营策略是市场机制下畜牧关联产业分工深化的必然结果，也是企业应对外生风险冲击和降本增效的战略决策。

另外，虽然纵向整合行为对于畜牧企业来说是一种普适性的经营策略，但会因行业、环节、地区和整合对象的异质性而表现出整合模式的多样性，其中，"契约农业"就是一种重要表现形式。有鉴于此，本章基于江苏省内主要龙头养殖企业的访谈调研，聚焦典型个案，从微观层次定性分析养殖环节企业与农户之间的整合行为，这不仅是对交易成本分析框架的进一步深化，而且是前文实证内容在微观企业经营实践中的再验证，有助于加深对畜牧企业纵向整合战略的理解。理论意义是，在纵向整合模式演进过程中探讨了农业风险冲击下的企业交易成本治理逻辑，揭示了畜牧企业纵向整合取决于其对外生交易成本和内部生产成本的权衡，从而表达了产业链纵向整合所隐含的经济学含义；现实意义是，通过契约组织模式创新探寻乡村产业振兴的实现路径，为工商资本因地制宜选择合适的方式和环节进入农业生产领域提供了思路。

本章余下部分结构安排如下：第二节根据交易成本理论分析畜牧龙头企业与养殖户纵向整合契约模式选择的成因，以及应对外生冲击的适应性演变的理论逻辑；第三节介绍所选案例背景与来源；第四节对多个典型案例进行深入剖析；第五节为本章小结。

第二节　分析框架

随着龙头企业横向规模扩张，市场分工拓展必然伴随着交易的扩张及其交易成本的增加，这将在一定程度上减损分工经济报酬，为避免交易成本破坏分工隐含的效率，需要引入相应的交易契约治理作为保障（胡新艳等，2021）。对于养殖环节的龙头企业而言，基于契约交易的纵向整合模式涵盖了企业与农户之间商品契约交易、通过合作社等第三方组织交易及完全一体化等形式（Martinez，1999），包括了从最松散的纯粹市场交易方式到联系最紧密的要素契约交易这一紧密度谱系中的任一协作方式（应瑞瑶、王瑜，2009），其本质可以节约市场交易成本，对当地农产品价格和市场进行有效调控，同时可以基于成本最小化合理配置养殖设施和人员分工，增强了组织和生产能力，易于实现规模经济（李秋梅，2021）。其中：完全市场交易是指养殖户独立经营，生猪出栏后与中间商或屠宰场直接对接，形成完全市场交易模式；商品契约是指养殖户通过与公司签订短期合同进行销售，达成松散型合作，生猪出栏后由公司按合同收购规定数量和质量的部分，剩下的则由农户进行市场交易，形成订单养殖模式（江光辉、胡浩，2019）；中间型契约是指在商品契约的基础上，引入政府或合作社等第三方组织作为利益联结纽带，衍生出"公司+第三方+养殖户"这一更紧密的契约形式，公司组织农户集体加入其规模化养殖基地，全流程提供技术支持和服务，畜禽出栏后全部由公司统一收购；要素契约是指龙头企业与农户就土地要素和劳动力要素签订长期合同，企业付出租金取得农户的土地使用权，或是雇用农户为其工作并付出相应的劳动报酬，形成非常紧密的完全一体化模式（周立群、曹利群，2002）。

农业契约的形式或内容常常是不完全的，在外生风险的冲击下，缔约双方会出现机会主义倾向，通过寻求各种策略如"敲竹竿效应"谋取自己的利益，引起履约效率的降低。解决不完全契约问题，要么就是将缔约简单化，或者干脆"口头化"，要么就是理性权衡试图找到一个更为完全的契约作为替代（罗必良，2020）。那么现实中，当一项不完全契约面临高昂的交易成本时，它是否依然有被执行或实施的可能性（而不是被简单化）呢？对此，农业契约演变策略应该得到重视，即通过契约形式的适当演变，使原有不完全契约成为可执行的形式并降低交易成本，这就是所谓的"以契约治理契约"的核心思想。基于控制风险、提高绩效和契约稳定性等目的，专用性投资可以成为契约双方的一种锁定手段来约束契约，因而龙头企业逐渐由商品契约（市场治理）向纵向一体化程度更高的契约形式（企业治理）过渡。随着资产专用性和交易不确定性程度的提高，契约治理结构应该是沿着"商品契约（市场治理）—中间型契约/混合契约形式

（过渡性）—要素契约（企业治理）"的路径演进的。也有研究考察了"龙头企业+农户"模式向关系更为紧密的"龙头企业+第三方+农户"模式演变的历史、现实和制度成因，认为产业组织模式的演变过程是一个连续的谱系，龙头企业内部可能嵌入过渡性的契约关系，也可能出现不同的契约形式混合共存的情况。

从既有研究来看，农业契约形式的演变过程与逻辑仍有待在理论上进一步明晰，企业的契约选择行为如何在实践中内嵌也缺乏一个整体框架。本部分拟构建"交易特性—交易成本—契约选择—不完全契约—外生冲击下契约形式演变"的分析框架，聚焦龙头企业进入农业生产环节的经营模式选择成因，以及外生风险冲击下契约形式的动态演变，着重考察交易成本中的资产专用性差异在其中发挥的作用，并给出同一企业内部不同类型农业契约共存的一般性解释。具体分析框架如图7-1所示，对于某一特定的农业产业和地区，龙头企业初始契约形式选择取决于不同交易属性下，对外部市场交易成本和内部生产成本的权衡，其中资产专用性是影响交易成本的一个重要因素。初始契约缔结完成后，基于不完全契约理论分析龙头企业与养殖户缔约形式的动态演变，当受到外生风险冲击时，由于契约的不完备性，履约效率容易发生改变，龙头企业会相应地调整原始契约模式，但在契约形式调整过程中，可能产生影响农户与企业契约稳定性的内部风险，如农户在企业主导的契约模式过渡中容易产生信任危机，导致违约率或退出率陡增。对此，缔约双方的契约关系治理能有效约束机会主义行为，企业需要启动契约关系治理机制，通过在原始契约结构中嵌入违约惩罚和履约激励机制，并引入第三方组织作为利益联结纽带，从而形成更加紧密的中间型契约，或是根据环节属性以及产品交易属性的不同，在同一企业内形成商品契约和要素契约并存的混合契约模式。

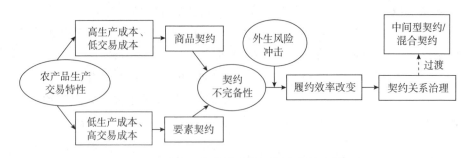

图7-1 龙头企业契约模式选择与演变的分析框架

第三节　案例背景与资料来源

一、背景介绍

生猪养殖业是我国农业系统的重要支撑点，在改善农业生产结构、提高农民收入中发挥着重要作用。在当前国内畜牧产业结构下，中小养殖户构成了养殖业的重要组成部分，2019 年全国出栏生猪 500 头以下的小规模养殖场（户）数量占比仍超过 99%，现阶段我国养殖产业化模式依然建立在农户经营的基础之上（郭利京、林云志，2020）。受制于养殖雇工机会成本上升、疫病防控压力增加和养殖业环境规制政策趋紧等现实约束，养殖业发展转型的核心问题上升为如何通过提高养殖户的组织化程度，向专业化和现代化养殖转变，各类畜牧业产业化经营组织由此应运而生。随着畜牧企业的纵向边界向养殖环节不断延伸，其与养殖户之间形成了纵向一体化的组织形态和多样化的交易方式。大量理论研究和实践案例表明，以龙头企业为载体的纵向一体化模式可分为两大类：一类是以"公司+农户"为代表的商品契约模式，如"温氏模式"；另一类是以雇佣关系为代表的要素契约模式，如"牧原模式"。现实中，这两种截然不同的经营模式可能被应用于同一畜禽品种，也可能被引入同一地区并发展壮大，究竟是什么因素决定龙头企业选择不同的农业契约模式并内嵌到行业和地区中？不同地区的政府部门应该如何复制推广合适的农业产业组织模式？

近年来，养殖业面临的外生风险冲击加剧，一些地区的龙头企业在具体契约形式上已经发生了多种多样的变化，仅用简单的要素契约或商品契约都不能完全描述龙头企业面临外生冲击时，在完全市场交易与完全一体化之间的契约类型选择，更多情况下，企业会引入政府或合作社等第三方组织作为纽带，衍生出利益联结更加紧密的中间型契约形式，或是在同一企业内形成商品契约和要素契约并存的混合契约模式（刘婷婷等，2020）。而既有研究对于农业契约形式应对外生风险冲击的调整过程关注甚少，企业与养殖户之间的契约模式适应性演变逻辑值得深入探讨，交易成本理论在养殖企业的纵向整合实践中是否适用？任何抽象观点都需要用具体事实来阐明，这才能做到对真实世界的精确掌握，而案例研究注重回答"如何"和"为什么"的问题，为本章提供了很好的研究方法，因此本章拟从实际案例出发回答上述问题（Yin，2009）。

二、案例来源

江苏省属于典型的农区畜牧业，农业现代化程度较高、畜牧养殖业发达，畜牧产业化经营走在全国前列，工商资本下乡经营农业较为普遍，入驻有不同类型的畜牧龙头企业，各种以新型农业经营主体为中心的一体化发展体系相对成熟，便于分析验证本章的理论框架，这对全国其他地区农业产业化模式的推行也具有一定的借鉴意义和参考价值。本书依托江苏省现代农业（生猪）产业技术体系，于2021年7月在江苏省内各畜禽养殖大县组织了针对畜牧企业的田野调查，与当地龙头企业多名负责人进行面对面访谈，他们对企业整体经营发展情况非常熟悉，同时对部分合作养殖户等利益相关者进行了访谈。本章从调研样本企业中选取了四个具备典型意义的案例，如表7-1所示，所选企业皆处在营业状态，有固定的营业场所和资产，进入当地时间存在梯度性，处于不同的发展阶段，均位于当地生猪产业链内龙头地位，主营业务相似但整合模式和规模有别，面临不同的外生风险冲击，有着较强的差异性和可比性。相比单案例分析，多案例研究能够对比不同案例之间的异同，便于发现规律和总结相关理论，因此结论更为可靠（Eisenhardt and Graebner，2007）。

表7-1　案例概况

企业名称	XLH公司	ML牧业公司	WS公司	HSW公司
调研地点	淮安市盱眙县	淮安市金湖县	盐城市响水县	扬州市宝应县
进入当地时间	2019年	2016年	2015年	2016年
级别	国家级龙头企业	省级龙头企业	国家级龙头企业	省级龙头企业
主营业务	育肥销售	自繁自养自销	育肥销售	仔猪繁育、育肥、屠宰、销售
年出栏量	15万~20万头商品猪	5万~10万头商品猪	10万~15万头商品猪	20万~30万头商品猪
整合模式	"公司+代养户"	完全雇佣模式	"公司+基地+代养户"	雇佣模式+代养户模式
契约形式	商品契约	要素契约	中间型契约	混合契约

第四节　案例讨论

一、畜牧企业选择不同纵向整合模式的动因分析

案例研究注重回答"如何"和"为什么"的问题，为本章的分析提供了很好的研究方法。本章从多个实际案例出发，以新制度经济学为理论基础，探索企业与农户之间的纵向一体化经营模式选择及契约动态演变逻辑，为以龙头企业为载体推动我国乡村产业振兴提供理论支撑。基于这一出发点，本节首先以江苏省盱眙县 XLH 公司和金湖县 ML 牧业公司为案例，基于新制度经济学的交易成本分析范式，对畜牧企业纵向整合的契约模式选择进行解释。

（一）商品契约模式——案例 1：盱眙县 XLH 公司

契约运行机制。XLH 公司属于国家级龙头企业，由盱眙县政府招商引资并给予土地政策优惠引进。公司在当地建有一个万头规模的能繁母猪场，并与当地生猪养殖户签订首批委托育肥合同，育肥总规模达 15 万头。XLH 公司在当地自建有两个饲料加工厂，疫苗和兽药由总公司统一配套，养殖户单独购买，保障了养殖过程中所需饲料、动保等生产资料的独立供应，公司管理人员随时与养殖户线上沟通，并每周派技术员入场为养殖户提供技术服务，代养户肥猪出栏由公司上门回收后销往当地定点屠宰场。案例本质上是以 XLH 公司主导、养殖户参与的委托饲养模式，两者缔结商品契约。如图 7-2 所示，XLH 公司是生猪生产的委托人，主要承担市场风险，饲养过程中所需的生产资料均由公司统一提供，属于公司资产；养殖户则是被委托人，主要承担养殖风险，猪舍和养殖设备等固定资产由代养户按照公司要求改造达标。由于当地中小规模生猪养殖户基数最大，与 XLH 公司签订代养合同的大多为千头以下的养殖户，对饲养技术要求不高，只需要以土地、劳动力等资源优势进行低成本生产即可。在出栏销售环节，合同规定出栏生猪全部由 XLH 公司回收，基准价格一般由上级

公司决定，这在合同签订时就已与代养户确定，并且公司自己生产的专供养殖的投入品也纳入这种内部结算的流程价格体系。这样，代养户就不能将公司提供的投入品用于市场交易，也不能与市场同类产品进行价格对比，其养殖目标只能锁定在最终的养殖报酬上，而养殖报酬只与其在生猪养殖过程中的劳动投入和产出指标①相关，因此勤于管理、产出指标高的代养户获得的报酬就高，基本不受市场风险的影响。

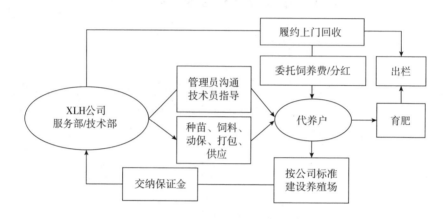

图 7-2　XLH 公司商品契约模式架构

辐射带动作用。XLH 公司被盱眙县政府引进后，其主推的商品契约模式产生了良好的社会效益。一是固定分红稳增收，为了应对市场风险冲击，XLH 公司在市场行情差时会划定最低收购标准，保证养殖户最基本的收入，而在市场行情好时会对养殖户进行 5%~10% 的浮动补贴，年末还能按出栏量进行收益分红，因而无论市场行情好坏，公司均会确保养殖户获得的最终报酬在一定范围内保持稳定。二是促进养殖就业，在近期猪肉价格低迷时，盱眙县生猪养殖产业陷入了发展困境，尤其是对于散养户而言，一年辛苦饲养几十头猪却收入微薄甚至赔本，XLH 公司通过特殊的流程价格结算方式，帮助合作养殖户规避了市场价格波动风险，不仅极大改善了合作户的养殖收入水平，而且创造了大量的本地就业岗位，促进了乡村产业兴旺。

---

① 用于计算养殖户最终报酬的产出指标包括出栏平均体重、料肉比、上市率、存活率等。

（二）要素契约模式——案例 2：金湖县 ML 牧业公司

契约运行机制。ML 牧业公司成立于 2016 年，是在金湖县本地发展壮大的规模化生猪养殖企业，公司在当地自建有一个 5500 头规模的能繁母猪场和一个 8 万头的大规模育肥场，2020 年共出栏生猪 5 万头。公司自成立以来一直采取完全自繁自养的经营模式，养殖过程中所需的生产资料均从当地农资供应商外采，肥猪出栏后由公司联系销往当地定点屠宰场。公司雇佣的 30 余位生猪饲养员和技术员均从外地招聘并与公司签约长期固定劳动合同①，属于公司在编正式员工，报酬采取固定工资加年终绩效的方式，仅与其在生猪养殖过程中的劳动投入和产出指标相关。该案例与案例 1 中 XLH 公司采取商品契约的经营模式不同，ML 牧业公司与饲养员缔结的则是要素契约，如图 7-3 所示，即公司雇佣饲养员为其养殖生猪并付出固定薪酬，从繁育仔猪到育肥出栏完全由公司独立自主经营，在建设之初种猪场与育肥场就邻近且规模和设施相互配套，有效降低了疫病发生风险。同时，养殖过程中人员投入和管理成本较低，公司能够迅速采取措施应对市场风险。市场行情好时，公司会为饲养员发放额外的奖金以激励生产；市场行情差时，公司会采取节本增效、降低损失，如减少配种和产仔、粗饲料替代精饲料、压栏等措施，以保障公司平稳过渡。

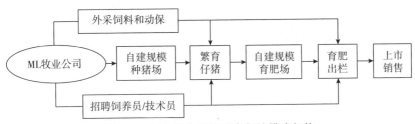

图 7-3 ML 牧业公司要素契约模式架构

辐射带动作用。ML 牧业公司自成立以来，一直采取"资本雇佣劳动"式的要素契约模式，通过流转农地获取养殖用地，生产过程中所需劳动要素和其他生产资料均从外地引进，直接嵌入当地社会生产网络，造成其与当地农户固有生产关系的割裂，本质上仍属于"外来"资本，不仅难以对

---

① 按照法律规定期限一般为 3 年至 5 年。

当地养殖产业发展形成辐射带动作用，还会挤占当地公共资源和要素，与当地养殖户形成市场竞争关系。在非洲猪瘟疫情对当地生猪产能的严重冲击下，ML 牧业公司作为一个大规模生猪养殖企业，虽然有助于政府达成生猪稳产保供任务目标，但就社会效益带动而言，这种纵向整合经营模式与乡村产业振兴的初衷相悖。

（三）契约模式选择成因分析——对市场交易成本和生产投入成本的权衡

上述两个案例对于不同的农业契约模式选择体现了企业对于市场交易成本（外生交易费用）和生产管理成本（内生交易费用）的权衡。在案例 1 的商品契约模式中，XLH 公司将育肥环节外包给当地养殖户，最大限度地利用了养殖户的资源禀赋，避免了公司在扩张初期面临的养殖用地和劳动力要素不足的固有缺陷，使公司前期投入成本和资金周转压力大幅降低，同时带动了当地养殖户就业增收，为公司创造社会效益，比较受当地政府欢迎。但该模式内生了较高的交易成本。从交易不确定性维度来看，由于各个代养户之间的规模相差较大，养殖技术水平差距明显，养殖场分布也较分散，最终育肥猪出栏回收时部分代养户交售的一级品率不高，代养户之间的养殖效益差距较大、难以控制，提高了公司的交易成本；从交易频率维度来看，公司与养殖户之间的合同签订较为频繁，通常是代养户领养一批仔猪与公司签订一次合同①，育肥出栏后双方视情况再决定是否续签领养下一批次的仔猪，因而代养户流动性较高，两者本质上属于单期博弈。同时，饲养过程中生产资料配送和生猪出栏回收的运输成本均由公司承担，提高了公司产前和产后的交易成本。因此，该模式仅适用于仔猪育肥这一资产专用性较低的环节。

在案例 2 的要素契约模式中，ML 牧业公司与饲养员签订长期劳动合同，这种雇工形式的流动性较低，两者本质上属于多期重复博弈，与单期博弈相比，其契约性质不同，报酬方式不同，契约的履约效率不同，最终的生产效率也不同，且由于公司在招聘时就对饲养员提出较高的技术要求，饲养员也能够服从公司统一管理，最终出栏肥猪基本都能达到一级品要求。此外，饲养过程中生产资料外采和生猪出栏销售的运输成本均无须公司承担，降低了公司产前和产后的交易成本，适用于资产专用性较高的

———————

① 仔猪育肥出栏的周期大约为 6 个月，因此代养户与公司的合同一般 6 个月一签。

自繁自养模式。但该模式属于重资产经营模式，养殖场地租赁、生产设施建设及设备购买等前期投入成本非常高，随着养殖规模的扩大，饲料动保等生产资料、养殖粪污处理费用及人工投入等养殖管理成本也会不断提高，公司资金周转压力较大，横向规模扩张速度有限。

案例1和案例2表明，龙头企业选择与养殖户缔结商品契约还是要素契约，须以成本最小化为原则权衡生产管理成本和市场交易成本。通过表7-2可以发现，两种契约模式均产生了较高的产中饲养管理成本，不

表7-2　两种契约模式下公司平均成本比较

项目		商品契约模式		要素契约模式	
		承担方	XLH公司	承担方	ML牧业公司
成本构成	产前	养殖用地地租[元(亩·年)]	代养户	无	公司	1200
		养殖场建设成本(万元/栋)	代养户	无	公司	1000
		生物安全配套设施成本(万元/栋)	代养户	无	公司	300
		养殖设备投入成本(万元/栋)	代养户	无	公司	200
		养殖粪污处理费用(元/吨)	代养户承担，公司适当补贴	10	公司	20
		饲料动保等生产资料(元/头)	代养户	无	公司采购	1000
	产中	仔猪成本(元/头)	公司繁育，代养户交押金领养	—	公司自繁自养	—
		委托养殖费用(元/头)	公司	300	—	无
		饲养员人工成本[元/(月·人)]	—	无	公司	6000
		管理员和技术员人工成本[元(月·人)]	公司	8000	公司	10000
	产后	生产资料运输成本(元/吨)	公司分拨到户	200	供应商	无
		生猪出栏转运成本(元/头)	公司上门回收	50	屠宰场	无
		与养殖户沟通续签成本	公司	一批一签一年两批	—	无
成本分类		产前投入成本	公司	低	公司	高
		产中饲养管理成本	公司	高	公司	高
		产后交易成本	公司	高	公司	低

资料来源：根据问卷记录整理得到，所有数据均为公司负责人回忆的2020年度财务平均数据。

同的是，商品契约模式的产前投入成本较低，但需承担较高的产后交易成本；要素契约模式的产后交易成本较低，但需承担较高的产前投入成本。由此看来，龙头企业选择何种契约模式主要基于产品属性安排和市场渠道，进而权衡由此产生的生产成本和交易成本（赵鲲、肖卫东，2020）。下文利用 Williamson（1985）建立的关于企业治理方式权衡的模型来说明这一点。综合考虑案例 1 和案例 2 的情况，假定 $S(k)$ 为商品契约的外部交易（市场治理）成本，$G(k)$ 为要素契约的内部投入（公司治理）成本，其中 k 指代龙头企业繁育仔猪和育肥两个环节的资产专用性水平。假设如下两个前提条件成立：①当资产专用性 $k=0$ 时，$G(0)>S(0)=0$，即当农产品为市场上可以任意买到的通用性资产时，市场交易成本 $S=0$，企业会选择商品契约进行市场交易而不会选择要素契约进行内部生产；②$S'(k)>G'(k)>0$，即随着农产品资产专用性的增强，通过商品契约交易方式获得单位产品增加的成本，要比通过要素契约生产方式获得单位产品增加的成本高。那么，随着 k 增加，$S(k)$ 逐渐变大，$\Delta C=G(k)-S(k)$ 逐渐变小，曲线 ΔC 的形状最终如图 7-4 所示。成本最小化的企业据此安排契约模式：当产品资产专用性为 k_0 时，$\Delta C=0$，商品契约模式与要素契约模式的成本相当，此时选择两种方式无差异；案例 1 中育肥环节的资产专用性较低，即 $k_1<k_0$ 时，$\Delta C>0$，商品契约模式比要素契约模式的成本更低，成本最小化的企业应选择与养殖户缔结商品契约进行市场交易；案例 2 中自繁自养模式的资产专用性较高，即 $k_2>k_0$ 时，$\Delta C<0$，商品契约模式比要素契约模式的成本更高，成本最小化的企业应选择缔结要素契约进行内部生产。至此，假说 3 得到验证。

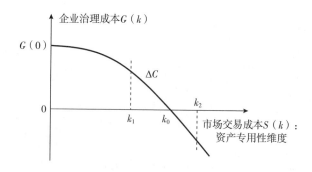

图 7-4　资产专用性对龙头企业契约模式选择的影响

二、外生风险冲击下纵向整合模式的适应性演变

上述两个案例仅体现了龙头企业在单一的商品契约或要素契约之间的选择，而当面对外生风险冲击时，原始的单一契约形式往往会发生多种多样的适应性变化，衍生出利益联结更加紧密的契约形式。本节进一步以江苏省响水县 WS 公司和宝应县 HSW 公司为案例，对龙头养殖企业纵向整合的契约模式演变逻辑进行分析。

（一）中间型契约——案例 3：响水县 WS 公司

初始契约形式。WS 公司属于国家级龙头企业，2015 年由响水县政府招商引资引进，在当地建有一个大型饲料加工厂及服务部和技术部等管理部门，负责对代养户提供生产技术支持和日常管理监督，2020 年公司共出栏生猪 10 万头。WS 公司进入响水县初期，为了在当地快速扩张规模、占领市场，对合作养殖户基本不设准入门槛，由于当地小规模生猪养殖户基数较大，初期与公司签订代养合同的大多为小散户，与案例 1 中 XLH公司的委托代理经营模式类似，WS 公司最初与养殖户缔结的同样是商品契约。然而，因初期合作养殖户门槛较低，大多数小散户生物安全防控设施不够完善，养殖过程中疫病风险较大，且养殖场分布较为分散，难以统一管控，2018 年下半年突发的非洲猪瘟疫情导致公司受损严重。

契约形式演变。2019 年 WS 公司在恢复生产时决定与当地政府合作以应对常态化存在的疫情风险，政府负责前期规划，建设标准化生猪养殖小区并统一打包转租给 WS 公司统一经营管理①，公司再将养殖基地零差价分栋租给农户，农户以家庭为单位承包栋舍饲养。公司可以在这一过程中筛选符合要求的代养户纳入养殖小区统一管理，并淘汰一批养殖技术水平和硬件要求不达标的小散户，形成"龙头企业+养殖小区+代养户"的中间型契约模式，如图 7-5 所示。与初期相比，现阶段 WS 公司在当地的合作养殖户数量减少了一半，但每个养殖户的单体规模扩大了一倍以上。WS公司为养殖小区内代养户提供"八个统一"，即统一猪舍标准、统一进驻小区、统一供应仔猪、统一供应饲料、统一供应疫苗、统一提供饲养技

---

① 第一批的租期为 15 年，到期可续约。

术、统一提供防疫技术、统一回收销售商品猪，基本做到小区内代养户与外界隔绝，有效降低了疫病暴发风险。在该案例中，WS 公司在疫情发生后引入政府建设标准化的养殖小区，同时更倾向于选择规模较大、生物安全防控设施完善、清洁生产设备齐全的猪场作为代养户，反映了契约缔结形式的适应性演变过程。对于养殖户而言，在非洲猪瘟疫情常态化的情况下，与 WS 公司合作目的主要是规避风险和寻求稳定收益，并且，通过押金租赁的方式直接进驻养殖小区，前期无须投入大笔资金购买固定资产进行改造，有利于缓解其资金周转压力；当地政府作为第三方既充当了公司与养殖户之间委托代理关系的利益联结纽带，形成了对契约双方的履约激励，也在企业与养殖户的利益分配过程中发挥了担保和监督作用。

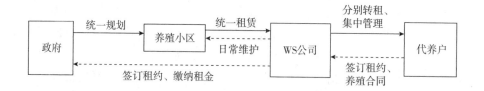

图 7-5　WS 公司中间型契约模式架构

　　辐射带动作用。WS 公司在契约模式转型后产生了广泛的社会效益。一是形成政府牵头作用，标准化生猪养殖基地由县政府国有平台公司建设，一期建成的 28 个养殖基地带动了 150 余名农户从事生猪养殖，二期 25 个养殖小区准备启动建设，建成后也将全部由 WS 公司分包给合作养殖户；二是推进"凤还巢"工程引导农户养殖创业，组织在外务工人员考察学习 WS 公司养殖模式，通过示范引领作用，仅 2019 年返乡从事生猪养殖创业的农民工就达近百人，带动乡镇就业岗位 900 余个；三是发挥龙头企业带动效应，通过 WS 公司"主动对接、送教上门、帮扶到位"等措施，破解农户"想养不敢养、想养无力养、想养不能养"的困局，进一步激活本地农户养殖创业激情；四是提升畜产品质量安全水平，依托县内大型农业龙头企业的品种资源、养殖技术和运营管理优势，推动生猪养殖标准化、生产规范化、防疫制度化，有力保障了畜产品的质量安全[①]。

---

　　① 资料来源于响水县畜牧兽医站访谈记录。

（二）混合契约——案例 4：宝应县 HSW 公司

初始契约形式。HSW 公司是一家专门从事生猪养殖和屠宰加工的跨省企业，于 2016 年入驻宝应县，公司自建有一个 1.6 万头规模的能繁母猪场和一个 15 万头的大规模育肥场，2020 年公司共出栏生猪 30 万头，目前已在江苏省内打通从仔猪繁育到屠宰销售的全产业链。HSW 公司进入宝应县最初采取的是完全自繁自养经营模式，公司雇用了共 100 多位生猪饲养员和技术员并与其签订长期固定劳动合同，这与案例 2 中 ML 牧业公司类似，属于要素契约模式，但养殖过程中所需的饲料和动保均由总公司生产并独立供应，生猪出栏后运往省内自建的屠宰厂屠宰加工后销售。随着近几年环境规制政策的收紧，HSW 公司单体大规模养殖所面临的环保压力越来越大，配套的粪污处理设施的处理能力逐渐无法跟上养殖规模扩张的速度，越来越多的污水和臭气因无法得到及时有效的处理而被直接排放，造成了养殖场附近河流水源和农田的严重污染①，对周边村民日常生活和农业生产造成了不良影响。最终，当地政府环保部门于 2018 年对公司进行了环保处罚并责令其限期整改。此外，HSW 公司自建的单体大规模猪场也面临严峻的生物安全风险，尤其是在非洲猪瘟疫情常态化存在的情况下，一旦发生感染将会迅速传播从而造成巨大损失，因此如何有效分散风险、降低损失也成为公司在规模扩张中需要解决的问题。

契约形式演变。面对环境规制和疫情风险的双重冲击，HSW 公司的主要应对措施有二：一是继续投资改造养殖场现有粪污预处理设施，严格执行生猪标准化养殖的环保和防疫安全相关规定配备完善环保设施，对养殖基地全部配置干湿分离、刮粪板等设施装备，进一步完善雨污分流、清污分流等配套功能，并自建数千米的排污管道将其纳入市政管网，定期交纳费用，由市区污水处理厂统一兜底处理，实现自建场的粪污"零排放"；二是与当地大中规模生猪养殖户签订代养合同，将"公司+代养户"模式纳入公司的生猪育肥环节，以转移公司横向规模扩张带来的超过其粪污处理和生物安全防控能力的额外产能，同时实现自建场和代养场的适度规模养殖。代养户养殖过程中产生的粪污由自己承担处理，公司给予适当补贴，从而有效分担了公司育肥环节的粪污处理压力和成本，同时能够分散公司

① 宝应县境内水网密集、地下水位较高，环境承载力较弱，容易受畜禽养殖污染的影响。

自建的单体大规模育肥场的生物安全风险，降低疫病带来的损失。目前，HSW 公司与当地养殖户订单养殖量占公司全年出栏量之比约为 37.5%，从而完成了由单一的要素契约模式向要素契约和商品契约并存的混合契约模式的演变（见图 7-6）。

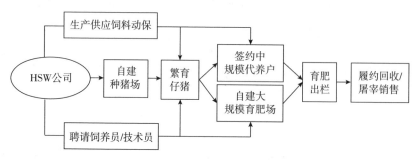

图 7-6　HSW 公司混合契约模式架构

辐射带动作用。HSW 公司在契约模式调整转型的同时，不仅在市场行情低迷时带动了一批生猪养殖户恢复产能，于当地形成了广泛的社会效益，也产生了良好的生态效益。一是废弃资源综合利用，配套建设异位生物发酵床，将处理后的固态粪污作为有机肥加工原料，推进养殖废弃物无害化处理和资源化利用；二是农牧循环经济，结合高标准农田和优质农产品基地建设，在养殖基地周边大力发展蔬菜大棚等高效特色农业，推行"猪—沼—菜（果粮）"模式，发展以"基地养猪、大棚种菜、有机稻米生产"为主的现代农业循环经济，实现生态效益和经济效益的统一。目前，宝应县已成功打造基于农牧结合生产的优质水稻种植基地 5 个、蔬菜种植基地 7 个，从而形成"产业兴旺"和"生态宜居"的双赢格局①。

（三）契约模式动态演变逻辑分析

案例 3 中的 WS 公司最初缔结商品契约是低效率的。一是，从养殖户风险和收益的角度来看，公司以延长生猪产业链的方式来降低风险，会增加环节分摊养殖户收益，压缩养殖户利润空间，市场行情极好时，养殖户出于利润最大化心理，可能会将出栏的生猪拿到公司以外的市场私自进行交易，以获取高额回报，最终导致有能力进行独立养殖、技术过硬的大中

---

① 资料来源于宝应县农业农村局访谈记录。

规模养殖户倾向于退出契约以追求更大的利润空间。二是，在商品契约模式中，虽然公司会统一为代养户购买生产性保险，且会对资金周转困难的养殖户提供必要的救济补贴，但若养殖户因突发的非洲猪瘟疫情而导致严重损失，微薄的保险赔付无法有效弥补，甚至连公司利益也遭受亏损，最终也会导致部分小散养殖户由于生物安全设施不完善、养殖技术水平较差被公司辞退，或是出于风险规避心理选择退出契约甚至退出养殖业。预期到这两点，WS公司和代养户在履约过程中都不会投入足够的专用性努力。而此后发生的非洲猪瘟疫情提高了公司经营过程中的交易成本，降低了原始契约的履约效率，公司通过引入政府建设标准化的养殖小区作为第三方，调整契约模式向利益联结更紧密的中间型契约过渡，同时更倾向于选择规模较大、生物安全防控设施完善、清洁生产设备齐全的猪场作为代养户，反映了契约缔结形式的适应性演变过程。

从表7-3契约形式调整前后WS公司对实施效果的评价可以发现，从交易频率维度来看，契约形式调整后，政府专门规划建设的养殖小区有标准统一、集中连片的特点，且入驻养殖户形成适度规模养殖，公司的管理方式也由之前的挨家挨户上门指导转变为片区化统一管理，养殖过程中生产资料和生猪出栏回收运输成本也可以"化零为整"，节省了大量中间环节和交易成本；从交易不确定性维度来看，契约形式调整前，经常遇到代养户流失或退出契约的情况，面临着较高的交易成本，并且生物安全难以有效管控，契约履约效率受到严重影响，而契约形式调整后，契约交易频率和不确定性都有所降低，从而改善了公司的交易成本。此外，WS公司的农业契约模式演变也诠释了资产专用性在履约效率中发挥的重要作用。在龙头企业与养殖户的单期博弈条件下，不完全契约导致的履约效率降低是交易费用产生的重要原因，敲竹杠效应带来交易成本提高导致没有一种契约模式可以实现最优效率（聂辉华，2013）；当契约关系由单期博弈变为多期重复博弈时，契约关系治理将会发挥重要作用，此时引入适当的中介组织和连接机制将外部交易成本内部化，可以有效降低经营过程中的交易成本（黄惠春等，2021），政府的诸种正式性及非正式性关系资源对于降低缔约双方的交易成本、维持契约关系稳定具有极为重要的作用（张建雷、席莹，2019），是加强公司声誉、改善契约关系和提高履约效率的关键所在。此外，公司与政府合建养殖小区这一专用性资产投资方式发挥了"套牢"效应，代养户为此垫付的租金也具有追加专用性投资的性质，这成为保障契约履约效率的一种约束方式，确保了契约各方期望效用最大化（吴曼等，2020）。

表7-3 公司对不同契约模式实施效果的评价

提问	WS 公司	HSW 公司
问题 1	是否出现过代养户/饲养员违约的情况？	
契约形式调整前	偶尔会有	无
契约形式调整后	目前没有	目前没有
问题 2	是否存在代养户/饲养员流失或退出的情况？	
契约形式调整前	经常有	无
契约形式调整后	目前没有	无
问题 3	是否有本地养殖户主动寻求合作的情况？	
契约形式调整前	很少	无
契约形式调整后	有很多，公司根据需要筛选	有
问题 4	公司受到的环保压力大吗？	
契约形式调整前	仅种猪场有环保压力	较大
契约形式调整后	环保压力有所增加	减小
问题 5	公司的疫病防控压力大吗？	
契约形式调整前	较大	较大
契约形式调整后	较小	较小
问题 6	您认为哪种模式更适合本公司在当地发展？	
	中间型契约模式	混合契约模式

资料来源：根据公司负责人访谈录音整理所得。

案例4中的HSW公司最初缔结的是要素契约，在完全自繁自养的经营模式下，随着公司养殖规模的不断扩张，环境规制和疫情风险冲击导致要素契约内部生产投入成本提高，倒逼公司在育肥环节嵌入商品契约治理以降低内部生产投入成本，从而在企业内形成两种契约形式并存的混合契约模式。

从表7-3契约形式调整前后HSW公司对实施效果的评价来看，契约形式调整前，较大的环保治理成本和疫病风险使公司面临较高的内部生产投入成本，而契约形式调整后，环保治理成本和疫病风险都有所降低，说明在环境规制的冲击下，畜牧企业外生交易成本提高，倾向于缔结更紧密的契约形式以降本增效，从而促进养殖环节纵向整合的深化。这一演变过程同样表明，对外部市场交易成本和内部生产管理成本的权衡是企业契约模式选择的重要因素。

从案例 4 中不难发现，混合契约模式仅出现在公司的育肥环节而非繁育仔猪环节，对于嵌入环节的不同，可以从资产专用性差异角度加以解释，育肥环节的资产专用性相比繁育仔猪环节而言较低，对于养殖场所、设备和劳动力的技术要求也较低，内部生产和市场交易的成本差别很小，因而公司可以选择在育肥环节嵌入商品契约模式，而繁育仔猪环节由于较高的资产专用性，对养殖场所、设备和劳动力的技术要求也较高，仍然只能延续要素契约模式。

同样地，根据 Williamson（1985）对于市场治理与公司治理权衡的模型，如图 7-7 所示，给定育肥环节资产专用性水平 k_1 和繁育仔猪环节资产专用性水平 k_2，在曲线 ΔC 状态下，两个环节都采取要素契约模式生产，外生风险冲击导致公司要素契约内部生产投入成本 $G(k)$ 提高，两种成本之差 $\Delta C = G(k) - S(k)$ 变大，曲线 ΔC 的斜率增加，向上移动至 $\Delta C'$，致使资产专用性水平较低的 k_1 所对应的育肥环节采取商品契约模式的成本更低，企业在育肥环节开始嵌入商品契约模式，而资产专用性水平较高的 k_2 所对应的繁育仔猪环节的成本之差 $\Delta C'$ 仍小于零，企业继续采取要素契约模式，从而完成了由单一的要素契约模式向混合契约模式的演变。

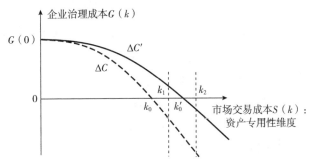

图 7-7　资产专用性视角下 HSW 公司契约模式的演变

第五节　本章小结

本章基于分析框架部分构建的畜牧企业纵向整合决策模型，通过多个现实案例的剖析，将交易成本和不完全契约理论纳入一个统一的分析框架内，比较了龙头养殖企业在商品契约和要素契约这两种纵向一体化模式之间的选择，分析了企业在受到外生风险冲击后由单一契约模式向中间型契约或混合契约形式演变的过程，着重考察了交易成本的资产专用性维度在企业纵向整合实践中如何发挥作用。研究结论如下。

第一，龙头企业在养殖环节的每一种契约模式，都是在给定的交易属性下企业权衡外部市场交易成本和内部生产成本所作出的理性选择，由于交易成本或资产专用性的差异，不同的生产环节或品种存在不同的最优契约模式。

第二，在外生风险的冲击下，龙头企业的契约选择是一个适应性调整的过程，由于契约的不完备性，外生风险冲击会提高交易成本，降低履约效率，企业会调整原始的单一契约模式，向利益联结更加紧密的中间型契约或混合契约模式过渡，这一演变过程也会因资产专用性的不同而存在差异。

第三，龙头企业与农户之间缔结的每一种农业契约在一定的区间内都是相对最有效率的，如果企业和农户双方都缺乏耐心或者博弈次数太少，那么要素契约效率低于商品契约，反之则要素契约效率较高；如果缔约双方面临的外生风险冲击很大，那么中间型契约模式能够利用关系治理获得相对高的效率；如果同时生产多种产品具有不同的资产专用性水平，那么混合契约模式就是相对最优的。这意味着，在一定地区或产业内不能迷信和盲目推广某种农业产业化模式，应该根据当地资源禀赋和产业环境选择合适的纵向一体化模式，农业企业也应根据环节特征和产品属性与农户缔结相应的契约形式。

本章研究结论有助于为当前农业产业政策的制定提供理论支持。一是因地制宜安排农业契约模式。历年中央"一号文件"多次强调"引导工商资本到农村发展适合企业化经营的种养业"，对于农户能够按要求生产或资产专用性要求不高的环节而言，企业的最优策略是通过商品契约建立稳定的原料供应基地，将重点放在高质量原料供应或农产品加工销售环节；对于良种繁育和高附加值农产品加工等环节而言，应当根据当地产业环境引导和鼓励龙头企业通过纵向一体化经营带动农户发展现代农业，允许其根据不同农产品在资产专用性等方面的差异，适度租赁农户承包地或雇佣农户劳动力等方式建设生产基地。二是促进农户与企业进行互补的专用性投资，提升双方缔约稳定性。农户的优势资源是人力资本和土地，龙头企业的优势资源是市场渠道、品牌、技术和资本，双方若期望达成长期稳定的合作状态，则需要进行互补的专用性资产投资。政府应当根据农户生产禀赋组织其学习新的生产管理经验，提升自身技术水平和契约意识，从而增加农户的人力资本专用性；同时，引导农业企业在核心环节投资专用性资产设备，给予企业在品牌建设、渠道扩展和产品深加工等方面的政策红利。

第八章
畜牧产业链纵向整合与企业经营绩效

第一节　问题提出

对于如何实现企业经营绩效增进，规模经济理论的一个基本判断是，横向规模化所带来的边际生产成本降低和规模报酬能有效改进经营绩效。然而，分工经济同样属于企业规模化发展的范畴。对于农业产业而言，既有研究过于强调农业规模化而普遍忽视农业分工经济，鲜有将两种维度的企业规模化策略纳入同一理论分析框架，并充分讨论两者对企业经营绩效的影响效应，从而忽略了农业规模经济与分工经济的协同作用，未能揭示农业企业经营绩效可持续增进的实现路径。在经营实践中，畜牧业并不是一个难以融入分工经济的被动部门，畜牧企业规模化经营往往伴随着纵向整合发展战略，无论是横向规模扩张还是纵向整合深化，对企业经营绩效作用的发挥均存在于特定产业环境中。为了实现经营绩效可持续提升，畜牧企业究竟该横向规模扩张还是纵向整合深化，抑或是两者并举？

一、规模经济驱动抑或分工经济诱导

企业组织内部分工所表达的纵向整合深化，不仅可以通过减少机会主义行为从而有效降低企业外部市场交易成本（Carlton，1979），还能够控制产业链上的核心渠道和技术环节，快速将产业链上其他企业的先进技术、研发人才等引入企业（李万君等，2021），通过技术外溢和学习模仿实现

范围经济、降低生产成本、形成竞争优势（王文瑜、胡求光，2015），在企业发展初期快速提升技术效率、优化资源配置、增进经营绩效（Broedner et al.，2009）。另外，随着纵向整合的不断深化，以及由此引起的内生交易费用增加①，其对企业经营绩效的抑制效应会逐渐显现。纵向整合带来的"多元化经济"可能会阻碍企业"专业化效率"的形成，企业如果整合不熟悉或不熟练的新业务，也可能导致更高的监督管理成本、代理成本和协调成本，降低企业决策的灵活性，延长决策周期，不利于其生产效率提升（李青原，2011b）。此外，考虑到畜牧业本身的发展规律有其特殊性，随着畜牧企业纵向整合边界的扩张，与纵向整合相匹配的农业劳动要素流动隐含着高昂的内生交易成本：一是农业劳动力的非农转移必然导致农业雇工成本不断上升；二是畜禽生产的季节性及劳动用工的不平衡性会加剧农业雇工的不确定性与风险成本；三是畜禽生产的生命节律与现场处置特性，必然导致对劳动质量的监督困难，内生出高昂的监督成本（张露、罗必良，2018）。因此，就经营绩效可持续提升而言，畜牧企业存在适度规模水平。

二、两种规模化策略与企业经营绩效的互动关系

理论上，市场容量与分工相互关联且相互决定，因而市场容量扩张和分工深化是两种相互关联的农业规模化策略（Jiang et al.，2006）。一方面，市场容量扩张所表达的企业横向规模扩大对企业内部分工深化所表达的纵向整合具有显著促进作用，规模扩大带来的外生交易费用提高构成企业纵向整合决策的诱导因素（市场容量促进分工）。值得注意的是，横向规模对企业纵向整合程度的影响可能是非线性的，规模极小的经营主体因外生交易成本可以忽略，故可能更倾向于市场外包服务，一旦突破市场外包的规模门槛，市场容量的增加会促进企业内部分工深化，因而其纵向整合程度会上升，即小规模经营情形下表现出参与市场分工的趋势，而大规模经营主体具有内部分工和自我服务的特征（张露、罗必良，2021）。另一方面，纵向整合深化反过来也促进企业横向规模扩大，纵向整合深化带

---

① 内生交易费用是指企业在要素市场雇佣劳动在其内部生产中间品引发的交易、组织和监督管理成本（杨小凯、黄有光，1999）。

来的外生交易费用降低，构成了企业规模扩张继而获取规模经济效益、改进经营绩效的有利条件，从而激励企业持续扩大横向规模（分工增进市场容量）。但同时，由于纵向整合会产生内生交易费用，其对企业规模扩大的影响也可能呈非线性，当纵向整合深化超过一定的门槛值后，过高的内生交易费用可能抑制企业进一步扩大规模。

综上所述，规模经济和分工经济在企业规模化发展过程中通常是并存的，那么在探讨两者对企业经营绩效的影响时有必要考虑三者之间的互动关系。有鉴于此，本章将基于规模经济和分工经济理论，利用国内上市畜牧企业财务数据，实证检验横向规模扩张与纵向整合深化对畜牧企业经营绩效的影响，阐明企业对于这两种规模化发展策略选择如何影响其经营绩效水平，并进一步厘清企业在发展壮大过程中经营绩效可持续提升的实现机制，以期为解决农业企业"市场规模—交易成本"矛盾提供一种新的解释，并对企业作出合理的整合战略规划提供理论参考。

本章余下部分结构安排如下：第二节选取变量并构建计量经济模型，第三节实证检验横向规模和纵向整合程度如何影响畜牧企业经营绩效，第四节实证检验横向规模扩张与纵向整合深化对畜牧企业经营绩效的影响，第五节为本章小结。

第二节　实证研究设计

根据理论分析，工商资本深化首先会引起企业横向规模扩张，因而本章在畜牧企业横向规模扩张的基础上考察了其纵向整合行为，实证研究包括三个部分：一是验证畜牧企业横向规模、纵向整合程度对其经营绩效的影响，构建如下面板数据模型。

$$Perf_{it}=\alpha_0+\alpha_1 D_{it}+\alpha_2 D_{it}^2+\alpha_3 Z_{it}+\mu_i+\nu_t+\xi_{it} \tag{8-1}$$

二是验证畜牧企业横向规模扩张与纵向整合深化之间的互动关系，构建如下面板数据模型。

$$Y_{it}=\beta_0+\beta_1 X_{i(t-1)}+\beta_2 X_{i(t-1)}^2+\beta_3 Z_{it}+\mu_i+\nu_t+\xi_{it} \tag{8-2}$$

三是验证畜牧企业横向规模与纵向整合程度对其经营绩效的交互效应，构建如下面板数据模型。

$$Perf_{it}=\alpha_0+\alpha_1 Scale_{it}+\alpha_2 V_{it}+\alpha_3 Scale_{it}\cdot V_{it}+\alpha_4 Z_{it}+\mu_i+\nu_t+\xi_{it} \qquad (8-3)$$

模型(8-1)中：变量下标 i 为企业；t 为年份；D 为企业横向规模($Scale$)和纵向整合程度(V)两大核心解释变量，用对数化处理后的企业当期总资产来衡量横向规模，用当期产业链纵向整合程度、企业前向整合程度和后向整合程度来反映纵向整合深化。被解释变量经营绩效($Perf$)使用企业净利润/总成本所得的成本利润率(CPR)衡量，这一指标可以间接反映由企业外生或内生交易成本变化而引起的经营绩效变动，相比其他指标更契合本章的研究主题。此外，吴利华等(2008)在验证纵向整合与工业企业经营绩效关系时，采用了企业净资产收益率(ROE)和净利润率(NPR)指标来反映企业绩效，杜邦财务分析体系认为 ROE 和 NPR 是企业短期经营效益最直接的反映，因而本章同时采用 ROE 和 NPR 作为稳健性回归指标。

模型(8-2)中，$t-1$ 代表变量滞后一期，表示企业上期横向规模(纵向整合)对下期纵向整合(横向规模)的影响，以此反映两者之间的动态关系，并且有助于识别模型的因果关系。模型(8-3)加入了企业横向规模和纵向整合的交互项，验证两者对经营绩效的交互效应。在此情况下，上述基准模型将拓展为动态面板模型，为解决动态面板模型的内生性问题，本章将在实证过程中引入被解释变量的滞后项作为工具变量，采用广义矩估计(GMM)方法进行估计。

此外，模型还加入核心解释变量的二次项以检验非线性关系及其特征，并且均控制了企业个体非观测效应 μ_i 和时间非观测效应 ν_t，以及同时因时间和地区而变的不可观测的特异扰动项 ξ_{it}。其他控制变量 Z 的选取与第五章相同。变量描述性统计结果如表8-1所示。

表8-1　变量描述性统计结果

变量	含义	组别	均值	标准差	最小值	最大值
成本利润率(CPR)	净利润/总成本	总体	0.0188	0.8284	-15.6156	1.5027
		组间		0.3390	-1.9793	0.2706
		组内		0.7718	-13.6175	2.2707
资产收益率(ROE)	净利润/净资产	总体	0.1081	1.3109	-24.1111	1.8006
		组间		0.5784	-3.1938	0.7018
		组内		1.2039	-20.8092	3.3988

续表

变量	含义	组别	均值	标准差	最小值	最大值
净利润率(NPR)	净利润/主营业务收入	总体	0.0342	1.1486	−21.7286	0.8256
		组间		0.4647	−2.7829	0.2026
		组内		1.0714	−18.9799	2.9693
产业链纵向整合程度	企业整合程度的最大值	总体	0.1453	0.1430	0	0.3971
		组间		0.1313	0	0.3887
		组内		0.0689	−0.1322	0.3935
企业前向纵向整合程度	向下游整合	总体	0.0888	0.1307	0	0.3971
		组间		0.1187	0	0.3543
		组内		0.0559	−0.1780	0.3370
企业后向纵向整合程度	向上游整合	总体	0.0612	0.1152	0	0.3887
		组间		0.1180	0	0.3887
		组内		0.0426	−0.1641	0.2945
横向并购	有效次数	总体	0.9141	1.4702	0	11.0000
		组间		0.7876	0	4.0000
		组内		1.3161	−1.7109	9.5808
纵向并购	有效次数	总体	2.9107	3.2375	0	23.0000
		组间		1.2508	0.8750	5.6667
		组内		2.9998	−2.0893	22.1607
企业规模	总资产自然对数	总体	21.9506	1.1626	19.1412	24.6810
		组间		1.0406	20.2369	24.4305
		组内		0.5421	20.1217	23.4454
企业年龄	企业经营年龄	总体	14.5372	5.4620	1.0000	27.0000
		组间		4.6384	5.5000	24.0000
		组内		3.1534	9.0372	20.0372
企业资产负债率	债务总额/资产总额	总体	0.4378	0.1744	0.0311	1.1077
		组间		0.1362	0.1041	0.7575
		组内		0.1114	0.0123	0.8653
政府补贴率	政府补贴项目金额/营业收入	总体	0.0042	0.0079	0	0.0773
		组间		0.0050	0.0004	0.0207
		组内		0.0061	−0.0120	0.0647

续表

变量	含义	组别	均值	标准差	最小值	最大值
环境规制强度	全国层面历年畜牧环境规制政策数量	总体		23.4879	11.0000	105
		组间	38.1667	0	38.1667	38.1667
		组内		23.4879	11.0000	105
企业产权性质	国有企业=1 民营企业=2 外资企业=3	总体		0.5144	1.0000	3.0000
		组间	1.7234	0.4862	1.0000	3.0000
		组内		0.0494	1.6401	2.6401

第三节　畜牧企业经营绩效增进：规模经济驱动抑或分工经济诱导

一、横向规模扩张对经营绩效的影响

表8-2列(1)的基准回归结果显示，横向规模对畜牧成本利润率(CPR)具有显著的正向影响，并且其平方项的估计系数在10%的统计水平上显著为负，表明畜牧企业横向规模与其经营绩效之间呈倒"U"型关系(以横向规模自然对数22.12为拐点)。这意味着，畜牧企业规模经济对其经营绩效的增进作用仅存在于适度规模水平，超过这一适度规模后，将会引起"市场规模—交易成本"困境，进而对畜牧企业经营绩效产生抑制作用。同时，表8-2列(2)和列(3)进一步使用企业净资产收益率(ROE)和净利润率(NPR)两个指标衡量企业经营绩效作为稳健性检验，估计结果同样呈倒"U"型关系，其中，净资产收益率以横向规模自然对数22.89为拐点，净利润率以横向规模自然对数22.16为拐点，与资产收益率指标的估计结果相近。

表8-3的分组回归结果显示，在低整合程度畜牧企业分组中，倒"U"型关系仍然显著，其中，成本利润率以横向规模自然对数19.01为拐点，资产收益率以横向规模自然对数22.73为拐点，净利润率以横向规模自然对数21.64为拐点，均分别小于总样本的估计结果。而在高整合程度畜牧企业分组中，横向规模则对经营绩效具有显著的正向影响，但其平方项的

估计系数未通过显著性检验，表明高整合程度的畜牧企业可以通过横向规模扩大持续增进其经营绩效。这一结果意味着，畜牧企业在横向规模扩张的同时若不进行适当的纵向整合以降低外生交易费用，则会过早地陷入"市场规模—交易成本"困境，导致经营绩效出现下滑，此时，若转而提高纵向整合程度，则可以避免这一困境，实现畜牧企业经营绩效的可持续增进。

表 8-2　横向规模影响畜牧企业经营绩效的基准回归结果（GMM）

变量	符号	成本利润率	资产收益率	净利润率
		（1）	（2）	（3）
横向规模	Scale	14.8093 * (1.78)	25.3062 * (1.89)	23.4200 ** (2.27)
二次项	Scale2	−0.3347 * (−1.77)	−0.5527 * (−1.79)	−0.5284 ** (−2.26)
被解释变量滞后项	L. CPR/L. ROE/L. NPR	−0.1149 (−1.48)	−0.5916 *** (−5.41)	−0.1583 * (−1.87)
企业年龄	Age	0.0270 (0.62)	−0.2961 *** (−2.99)	0.0540 (0.96)
资产负债率	Lev	−2.5201 ** (−2.02)	−18.0211 *** (−7.63)	−2.9373 (−1.62)
政府补贴率	Sub	−17.7202 (−0.61)	−187.9703 ** (−2.49)	−63.5183 (−1.25)
环境规制强度	Regu	−0.0037 (−1.04)	0.0078 (0.88)	−0.0108 ** (−2.08)
产权性质	Natu	−0.9909 (−1.52)	−8.7482 *** (−4.49)	−2.4684 *** (−2.64)
常数项	Cons	−160.7128 * (−1.76)	−260.4307 * (−1.80)	−253.3848 ** (−2.23)
个体固定效应	ID	Yes	Yes	Yes
年份固定效应	Year	Yes	Yes	Yes
AR(1)p 值		0.000	0.003	0.000
AR(2)p 值		0.237	0.176	0.711
Sargan 检验(p 值)		0.996	0.709	0.550
观测值	N	345	345	345

注：括号内为 t 值，*、**、*** 分别表示在 10%、5%、1% 的置信水平上具有统计显著性；AR(1)p<0.1 且 AR(2)p>0.1 表明存在一阶序列相关但不存在二阶序列相关，Sargan 检验不显著表明被解释变量的滞后项作为工具变量是联合有效的。

表8-3　畜牧企业纵向整合程度分组回归结果（GMM）

分组	变量	成本利润率	资产收益率	净利润率	控制变量	观测值
低整合程度	横向规模	3.0067 ** (2.33)	2.4728 ** (2.51)	1.4842 *** (2.65)	Yes	140
	二次项	-0.0791 ** (-2.35)	-0.0554 ** (-2.53)	-0.0343 *** (-2.62)		
高整合程度	横向规模	15.6967 * (1.62)	48.1325 * (1.64)	40.6692 * (1.65)	Yes	205
	二次项	-0.3673 (-1.30)	-1.1792 (-1.55)	-0.9675 (-1.52)		

注：括号里为 t 值，* 、** 、*** 分别表示在10%、5%、1%的置信水平上具有统计显著性；按照产业链纵向整合程度中位数将样本企业分组。

二、纵向整合深化对经营绩效的影响

表8-4 的回归结果显示，无论是产业链整合程度还是企业整合方向，其与畜牧企业经营绩效之间的倒"U"型关系都非常显著。因而在纵向整合深化的过程中，畜牧企业经营绩效并不总是持续增进的，而是存在一个由升转降拐点，在本章所选的样本中，当产业链整体纵向整合程度小于0.20 时，外生交易成本降低对企业经营绩效的促进效应较为明显，导致总影响的斜率（净效应）为负，此时企业经营绩效逐渐提升；一旦畜牧产业链整体纵向整合程度超过0.20 这一拐点时，纵向整合进一步深化引起的内生交易成本提高将会对企业经营绩效产生明显抑制效应，导致总影响的斜率（净效应）为正，此时企业经营绩效逐渐增加。从整合方向上看，畜牧企业前向和后向整合对其经营绩效同样存在"拐点效应"，根据列（2）和列（3）计算可得企业前向整合程度对经营绩效的拐点值约为0.19，后向整合程度对经营绩效的拐点值约为0.14。这一结果意味着，在当前横向规模下，畜牧企业组织内分工对其经营绩效的增进作用同样存在一个适度水平。

表8-5 的分组回归结果显示，产业链纵向整合程度和畜牧企业前向整合程度对小规模和大规模企业经营绩效的影响均呈倒"U"型关系，这表明，产业链纵向整合和畜牧企业前向整合对经营绩效的改进并不受制于企

表 8-4　纵向整合影响畜牧企业经营绩效的基准回归结果（GMM）

变量	符号	企业经营绩效（CPR）		
		（1）	（2）	（3）
产业链纵向整合程度	V	76.6834*** (5.82)		
二次项	$V2$	-192.2163*** (-5.99)		
企业前向整合程度	$Vforward$		63.5722*** (6.50)	
二次项	$Vforward2$		-168.9579*** (-6.53)	
企业后向整合程度	$Vback$			22.9484* (1.71)
二次项	$Vback2$			-85.4793* (-1.64)
被解释变量滞后项	$L.CPR$	-0.1337 (-1.45)	-0.1939** (-2.37)	0.0121 (0.14)
企业规模	$Scale$	0.5357* (1.84)	0.1339 (0.45)	-0.1096 (-0.47)
企业年龄	Age	-0.0104 (-0.17)	-0.0221 (-0.39)	0.2027*** (2.67)
资产负债率	Lev	-15.7457*** (-8.43)	-15.0133*** (-9.08)	-1.3382 (-0.70)
政府补贴率	Sub	2.9530 (0.06)	-81.9566* (-1.88)	-13.2879 (-0.28)
环境规制强度	$Regu$	-0.0126* (-1.90)	-0.0099* (-1.65)	-0.0052 (-0.94)
产权性质	$Natu$	-3.2747*** (-2.76)	-4.8176*** (-4.14)	0.4401 (0.31)
常数项	$Cons$	-1.5253 (-0.25)	11.7577* (1.86)	-0.4113 (-0.08)
个体固定效应	ID	Yes	Yes	Yes
年份固定效应	$Year$	Yes	Yes	Yes
$AR(1)p$ 值		0.000	0.000	0.000
$AR(2)p$ 值		0.982	0.318	0.580
Sargan 检验（p 值）		0.983	0.964	0.228
观测值	N	338	331	331

注：括号内为 t 值，*、**、*** 分别表示在 10%、5%、1%的置信水平上具有统计显著性；$AR(1)P<0.1$ 且 $AR(2)P>0.1$ 表明存在一阶序列相关但不存在二阶序列相关，Sargan 检验不显著表明被解释变量的滞后项作为工具变量是联合有效的。

表 8-5　畜牧企业规模分组回归结果(GMM)

变量	企业经营绩效(CPR)	
	小规模	大规模
产业链纵向整合程度	43.5695**	58.0305***
	(2.33)	(5.06)
二次项	-114.2246**	-153.3458***
	(-2.49)	(-5.31)
企业前向整合程度	29.2371*	86.5006***
	(1.79)	(5.63)
二次项	-82.7260**	-230.7218***
	(-1.99)	(-5.79)
企业后向整合程度	54.9581	36.0007*
	(0.94)	(1.71)
二次项	-137.9092	-121.3769*
	(-0.86)	(-1.93)
控制变量	Yes	Yes
观测值	148	190

注:括号内为 t 值,*、**、***分别表示在 10%、5%、1%的置信水平上具有统计显著性;按照样本企业规模中位数进行分组。

业横向规模,即整合产品销售渠道带来的经营绩效改进对于不同规模的畜牧企业具有普遍适用性,具有"规模中立"特征。小规模畜牧企业需要通过整合产品销售渠道获取稳定的现金流和资金链,以便快速回笼资金,避免畜禽产品市场波动风险;而大规模畜牧企业也需要通过整合产品销售渠道降低因横向规模扩张导致的外生交易费用提高。值得注意的是,畜牧企业后向整合程度对小规模企业经营绩效的影响并不显著,仅对大规模企业经营绩效呈倒"U"型关系,即整合原料供应渠道带来的经营绩效改进作用仅存在于大规模畜牧企业。可能的原因在于,小规模企业面临的外生交易费用本就较低,纵向整合对其经营绩效的改进作用不明显,而大规模企业面临较高的外生交易费用,需要进行纵向整合以降低外生交易费用、改进经营绩效,在不同规模的畜牧企业中也存在不同的适度水平。

三、稳健性检验

为验证上述基准模型回归结果的可靠性,本部分进一步利用非参数估计方法进行稳健性检验。基准模型通过在线性回归方程中添加核心解释变量的二次项识别非线性关系，如果一次项显著为正，二次项显著为负，且估计的极值点在数据范围内，则认为存在倒"U"型关系。然而，这一参数估计方法容易受模型设定形式的影响。并且 Lind 和 Mehlum（2010）的研究认为上述判别标准过于薄弱，当真正的关系是凸（凹）而单调时，模型估计将错误地产生一个极值点和"U"（倒"U"）型关系，原检验方法可能不再适用。因而"U"（倒"U"）型关系的检验标准需要满足一个复合的原假设，即要求在区间的左边是递减（或递增），而在右边是递增（或递减）。对此，u-test 检验提供了一个"U"（倒"U"）型关系在某个区间上存在与否的精确验证。表 8-6 的非参数方法估计结果表明，所设定模型的斜率在较低的区间内为正值且在较高的区间内为负值，并且四组模型检验之后的 t 值均在统计上具有显著性，因而基准回归模型中得出的倒"U"型关系得到了进一步验证。

表 8-6　非线性关系 u-test 检验结果

项目	横向规模—经营绩效		纵向整合—经营绩效		前向整合—经营绩效		后向整合—经营绩效	
区间	19.1412	24.6810	0	0.3971	0	0.3971	0	0.3887
坡度	1.9974	-1.7106	76.6834	-75.9813	63.5722	-10.6199	22.9484	-43.5007
t 值	1.8107	-1.6659	5.8229	-5.9389	6.5032	-6.3233	1.1092	-1.7099
P 值	0.0355	0.0483	0.0000	0.0000	0.0000	0.0000	0.1341	0.0441

注：通过坡度的符号特征可以判断（倒）"U"型关系是否存在，坡度值越大表示曲线坡度越陡峭。

此外，本部分还通过更换横向规模扩张和纵向整合深化这两个核心变量的衡量指标进行稳健性检验。与前文类似，以样本上市公司 2008~2019 年发生的、作为收购方的国内非关联股权标的横向并购①和纵向并购事件为研究对象，筛选样本上市公司每期有效横向并购次数替换基准模型中的企业横向规模扩张变量，有效纵向并购次数替换基准模型中的纵向整合程度变量分别再回归估计，结果如表 8-7 所示。列（1）检验企业横向并购与经营绩效之间的关系，列（2）检验企业纵向并购与经营绩效之间的关系。

---

① 横向并购是指经营环节相同的企业或者处于同一产业链环节的专业化企业之间，以市场规模扩张为目标的并购行为，横向并购双方是直接的市场竞争关系。

表8-7 稳健性检验结果(GMM)

变量	符号	企业经营绩效(CPR)	
		(1)	(2)
横向并购	HXBG	0.1483**	
		(2.31)	
二次项	HXBG2	−0.0151*	
		(−1.74)	
纵向并购	ZXBG		0.0884**
			(2.21)
二次项	ZXBG2		−0.0044**
			(−2.33)
被解释变量滞后项	L. CPR	−0.2477	−0.6840***
		(−1.44)	(−2.76)
企业规模	Scale	0.1295***	0.0596
		(3.59)	(1.02)
企业年龄	Age	−0.0041	−0.0002
		(−0.50)	(−0.01)
资产负债率	Lev	−2.2120***	−2.2616***
		(−9.17)	(−6.08)
政府补贴率	Sub	−9.8034	−10.0639
		(−1.37)	(−1.11)
环境规制强度	Regu	−0.0002	0.0005
		(−0.21)	(0.43)
产权性质	Natu	−0.2886*	−0.0013
		(−1.87)	(−0.01)
常数项	Cons	−1.1011	−0.3623
		(−1.40)	(−0.30)
个体固定效应	ID	Yes	Yes
年份固定效应	Year	Yes	Yes
AR(1)p值		0.100	0.030
AR(2)p值		0.716	0.802
Sargan 检验(p 值)		0.262	0.439
观测值	N	363	363

注:括号内为 t 值,*、**、*** 分别表示在10%、5%、1%的置信水平上具有统计显著性;$AR(1)p<0.1$ 且 $AR(2)p>0.1$ 表明存在一阶序列相关但不存在二阶序列相关,Sargan 检验不显著表明被解释变量的滞后项作为工具变量是联合有效的。

可以发现，畜牧企业横向并购所代表的规模扩张行为、纵向并购所代表的纵向整合行为，同样与其经营绩效之间呈现显著的倒"U"型关系。这表明在替换企业并购数据来衡量企业规模扩张和纵向整合行为后，其与经营绩效之间的倒"U"型关系仍然保持稳健。至此，假说4得到验证。

第四节　畜牧企业经营绩效增进：
两种规模化策略的互动关系

表8-8汇报了模型(8-2)畜牧企业横向规模与纵向整合的互动关系的回归结果。列(1)至列(3)显示，就横向规模影响纵向整合而言，畜牧企业横向规模对产业链整合程度、企业前向和后向整合程度的影响均呈显著的"U"型关系。这与前文的理论分析一致，说明规模极小的畜牧企业由于外生交易成本可以忽略，可能更倾向于生产外包服务，一旦横向规模突破市场外包的规模门槛，带来的市场容量增加会促进分工深化，企业纵向整合程度会转而上升，即大规模畜牧企业更倾向于纵向整合。说明在越过规模过小的门槛后，畜牧企业横向规模扩张可以促进纵向整合深化。列(4)至列(6)的估计结果显示，就纵向整合影响横向规模而言，产业链整合程度、企业前向和后向整合程度对畜牧企业横向规模的影响均呈显著的倒"U"型关系。说明纵向整合深化反过来也促进畜牧企业横向规模的扩大，但由于企业纵向整合会产生内生交易费用，当纵向整合程度超过拐点值后，内生交易费用的提高可能抑制企业进一步获取规模经济效益。即在适度纵向整合的区间内，畜牧企业纵向整合深化可以促进横向规模的扩大。

表8-9汇报了模型(8-3)横向规模扩张与纵向整合深化对畜牧企业经营绩效(CPR)交互效应的回归结果。列(1)至列(3)显示，畜牧企业纵向整合程度与横向规模扩张的交互项对其经营绩效具有显著的正向影响，说明畜牧企业横向规模与纵向整合程度不仅相互促进，而且对畜牧企业经营绩效产生正向的交互影响。列(4)的估计结果显示，在替换企业有效并购数据来衡量企业规模扩张和纵向整合行为后，两者对畜牧企业经营绩效的交互效应仍然显著为正，验证了结论的稳健性。因此，畜牧企业横向规模扩张与纵向整合深化紧密关联，两者不仅是并行不悖的规模化发展策略，

表8-8　畜牧企业横向规模与纵向整合的互动关系(GMM)

变量	产业链纵向整合程度	企业前向整合程度	企业后向整合程度	横向规模		
	(1)	(2)	(3)	(4)	(5)	(6)
滞后一期横向规模	-2.5791***	-2.3734***	-3.0914***			
	(-3.24)	(-4.71)	(-3.15)			
二次项	0.0595***	0.0525***	0.0709***			
	(3.27)	(4.68)	(3.18)			
滞后一期产业链纵向整合程度				3.5052*		
				(1.64)		
二次项				-12.4534*		
				(-1.68)		
滞后一期企业前向整合程度					4.2959*	
					(1.64)	
二次项					-12.5992*	
					(-1.70)	
滞后一期企业后向整合程度						6.4842**
						(2.25)
二次项						-20.3764**
						(-2.17)
被解释变量滞后项	-0.4100***	0.3623***	0.7881***	1.0418***	0.9371***	0.9161***
	(-3.11)	(4.39)	(4.96)	(15.73)	(12.42)	(17.79)
企业年龄	-0.0030	0.0120***	-0.0094	-0.0002	0.0043	0.0123
	(-0.56)	(4.93)	(-1.54)	(-0.02)	(0.44)	(1.16)
资产负债率	0.3184	-0.2173***	0.1987	-0.3293	0.6184	0.4890**
	(1.60)	(-3.76)	(0.72)	(-0.71)	(1.50)	(2.18)
政府补贴率	-10.1651***	0.5465	-7.2664***	-0.6491	9.0593	-4.9762
	(-2.98)	(0.63)	(-3.71)	(-0.08)	(1.02)	(-0.65)
环境规制强度	0.0000	0.0005***	-0.0006	-0.0000	0.0003	0.0008
	(0.06)	(2.60)	(-1.53)	(-0.04)	(0.55)	(1.42)
产权性质	-0.1574***	0.0277	-0.0671	-0.0821	0.0012	0.9524***
	(-2.76)	(0.69)	(-1.17)	(-0.42)	(0.01)	(5.18)
常数项	28.2984***	26.6420***	33.8455***	-0.4761	1.0557	-0.1530
	(3.25)	(4.74)	(3.16)	(-0.45)	(0.79)	(-0.19)
个体固定效应	Yes	Yes	Yes	Yes	Yes	Yes
年份固定效应	Yes	Yes	Yes	Yes	Yes	Yes
AR(1)p值	0.087	0.002	0.000	0.000	0.000	0.000
AR(2)p值	0.264	0.118	0.546	0.493	0.972	0.490

续表

变量	产业链纵向整合程度	企业前向整合程度	企业后向整合程度	横向规模		
	（1）	（2）	（3）	（4）	（5）	（6）
Sargan 检验（p 值）	0.607	0.100	0.522	0.781	0.596	0.888
观测值	328	321	321	328	321	321

注：括号内为 t 值，＊、＊＊、＊＊＊分别表示在 10%、5%、1%的置信水平上具有统计显著性；$AR(1)p<0.1$ 且 $AR(2)p>0.1$ 表明存在一阶序列相关但不存在二阶序列相关，Sargan 检验不显著表明被解释变量的滞后项作为工具变量是联合有效的。

表 8-9　纵向整合深化与横向规模扩张对畜牧企业经营绩效的交互影响（GMM）

变量	企业经营绩效（CPR）			
	（1）	（2）	（3）	（4）
产业链纵向整合程度×横向规模	11.7267＊＊（2.10）			
企业前向整合程度×横向规模		7.8795＊＊（2.38）		
企业后向整合程度×横向规模			6.3771＊＊（1.98）	
纵向并购×横向并购				0.0151＊（1.72）
产业链纵向整合程度	−245.8964＊＊（−2.05）			
企业前向整合程度		−163.5153＊＊（−2.28）		
企业后向整合程度			−132.1403＊（−1.88）	
横向规模	−1.1022（−1.52）	−0.2481（−0.64）	0.3104（1.04）	
纵向并购				−0.0370（−0.66）
横向并购				−0.0112（−1.00）
被解释变量滞后项	−0.1095（−1.08）	−0.1525（−1.59）	−0.0323（−0.40）	−0.4349（−0.67）

续表

变量	企业经营绩效（*CPR*）			
	（1）	（2）	（3）	（4）
企业年龄	-0.0564	0.0564	0.1246 **	0.2074 **
	（-0.59）	（0.67）	（2.20）	（1.99）
资产负债率	-1.5576	-6.4879 **	-3.6209 *	-2.6920 ***
	（-0.58）	（-2.52）	（-1.84）	（-4.91）
政府补贴率	-51.9550	-22.9488	6.8526	12.8196
	（-0.89）	（-0.46）	（0.15）	（0.61）
环境规制强度	-0.0127 *	-0.0164 **	-0.0035	0.0042
	（-1.65）	（-2.29）	（-0.67）	（1.36）
产权性质	-2.5124	-2.8290 *	-0.7325	0.2206
	（-1.23）	（-1.65）	（-0.62）	（0.52）
常数项	29.4683 *	12.5998	-5.0592	-3.2993 *
	（1.66）	（1.41）	（-0.84）	（-1.88）
个体固定效应	Yes	Yes	Yes	Yes
年份固定效应	Yes	Yes	Yes	Yes
$AR(1)p$ 值	0.001	0.001	0.000	0.101
$AR(2)p$ 值	0.737	0.174	0.636	0.644
Sargan 检验（p 值）	0.923	0.943	0.344	0.359
观测值	328	321	321	363

注：括号内为 t 值，*、**、*** 分别表示在 10%、5%、1% 的置信水平上具有统计显著性；$AR(1)p<0.1$ 且 $AR(2)p>0.1$ 表明存在一阶序列相关但不存在二阶序列相关，Sargan 检验不显著表明被解释变量的滞后项作为工具变量是联合有效的。

还存在较强的协同效应。如前所述，纵向整合深化带来的企业外生交易费用降低，可以避免"市场规模—交易成本"困境，是构成企业规模扩张继而获取规模经济效益、改进经营绩效的有利条件。至此，假说 5 得到验证。

第五节 本章小结

农业规模经济的拓展与农业分工经济的发展紧密关联，企业横向规模扩张与纵向分工深化是并行不悖的规模化发展策略。本章从交易成本的视角深入研究畜牧企业规模化发展的障碍与阻力，基于产业链纵向整合所表达的内部分工经济，阐释了传统规模经济理论无法解释的企业"市场规模—交易成本"矛盾。并利用2008~2019年A股上市畜牧企业财务面板数据，实证检验了横向规模扩张和纵向整合深化对畜牧企业经营绩效的直接影响和交互效应，研究结论如下。

第一，畜牧企业以横向规模自然对数22.12为拐点，与其经营绩效之间呈倒"U"型关系，在畜牧企业纵向整合程度较低的情况下，这一拐点还将左移，而在畜牧企业纵向整合程度较高的情况下，畜牧企业横向规模扩张将持续改进其经营绩效；纵向整合深化与畜牧企业经营绩效之间也存在显著的倒"U"型关系，在适度区间内，整合产品销售渠道带来的经营绩效改进对于不同规模的畜牧企业具有普遍适用性，而整合原料供应渠道带来的经营绩效改进作用仅存在于大规模畜牧企业。在替换企业有效并购数据来衡量企业规模扩张和纵向整合行为后，上述研究结果仍然保持稳健。

第二，畜牧企业横向规模对产业链整合程度、企业前向和后向整合程度的影响均呈显著的"U"型关系，在越过规模过小的门槛后，畜牧企业横向规模扩张可以促进纵向整合深化；产业链整合程度、企业前向和后向整合程度对畜牧企业横向规模的影响均呈显著的倒"U"型关系，在适度纵向整合的区间内，畜牧企业纵向整合深化能够促进横向规模扩张。

第三，纵向整合深化与横向规模扩张对畜牧企业经营绩效具有显著的正向交互效应，两种规模化发展策略不仅相互关联，而且存在较强的协同效应，是企业避免"市场规模—交易成本"困境和实现经营绩效持续增进的关键。

通过研究结论不难发现，畜牧企业为获取规模经济效益而进行单一的横向规模扩张，会引起市场交易成本攀升，最终进入规模效益边际递减的阶段，因而过于依赖横向规模扩张这"一条腿"来实现规模化发展，其潜力是有限的。企业横向规模扩张与纵向分工深化是并行不悖的规模化发展策略，两者存在互动实现机制。上述研究结论的管理启示在于：畜牧企业应避免在单个环节或领域内一味地扩张，应依据自身横向规模和资本实力实施适度的纵向整合战略。企业通过向产业链上下游适度拓展纵向边界，在产业组织内部形成分工经济，从横向规模经营进一步拓展到产业链纵向整合，保障企业在规模经营的同时积极实施适度纵向整合战略，是避免

"市场规模—交易成本"困境和促进企业规模化发展提质增效的关键。对于发展初期的中小畜牧企业，在制定规模化发展策略时应优先考虑向产业链下游产品销售渠道进行前向整合，以保障稳定的产品销售渠道；对于一些实力较强的龙头企业，则应同时向产业链上下游积极拓展渠道以促进规模化发展提质增效；而对于已经在行业内具有较大影响力的龙头企业，应适当考虑通过吸纳社会资金投入或通过兼并、收购、重组和控股等方式组建大型畜牧企业集团，实施规模经营和纵向整合并举的发展战略，积极将业务范围拓展至产业链上下游各个环节领域，在分享规模经济效益的同时实现分工效率提升，真正实现经营绩效的可持续增长。

第九章
促进畜牧产业链纵向整合的
对策建议及研究展望

第一节　对策建议

随着国内工商资本进入农业的步伐加快、畜牧业环境规制约束日益加强、企业市场交易成本不断提高，畜牧产业链整合开始步入新的转型发展阶段。产业链纵向整合是横向拓展产业规模、纵向延长产业链条的重要举措，对于避免畜牧企业规模化发展过程中面临的交易成本矛盾，促进乡村一二三产业融合发展具有重要的实践意义，但这些有赖于建立完整高效、功能齐全的支持政策和制度体系。以畜牧产业化龙头企业作为主要载体，推进乡村产业振兴和畜牧产业高质量发展，不仅要加强学习先进的畜牧企业经营理念、不断加大产业政策扶持力度、持续优化企业经营的市场环境等，同时需要从以下四个方面考虑完善纵向整合的配套制度支持，从而全面激发畜牧产业纵向整合发展的新活力，形成龙头企业经营战略调整与畜牧产业链纵向整合深化协调发展的良性互动机制。

一、发挥畜牧龙头企业带动作用，构建区域全产业链发展格局

畜牧产业化龙头企业作为推进畜牧产业高质量发展的重要引擎，是农业产业链纵向整合的主力军，长期扎根农村产业振兴、立足"三农"，是

横向拓展产业规模、纵向延长产业链条，实现畜牧业规模化、标准化、集约化的灵活载体。结合本书第四章研究结论，为有序引导和促进龙头企业工商资本进入畜牧业及其关联产业，构建区域全产业链发展格局，并积极推动实施适度纵向整合战略，带动畜牧企业经营绩效实现可持续增长，相关政策建议应当至少从以下三个方面考虑。

第一，当前国内畜牧产业链上下游加工环节与中游畜禽养殖环节之间的分离提高了养殖环节的生产成本及各环节之间的交易成本，有必要整合畜牧产业链、缩短核心环节的市场距离，以降低各环节之间的市场风险和交易成本。因此，构建中观层面"产消平衡、区域互补、冷链流通"的格局是保障畜禽产品供给安全稳定的重要手段。其中，"产消平衡"是指主产地与消费区域之间的市场供需能够基本实现平衡；"区域互补"是指从区域范围内市场的供需平衡出发，以主消区域的消费需求为基础，在相邻主产区进行合理的养殖布局。在中观区域畜禽产消平衡的基础上，明确畜禽产品安全检验及屠宰加工的产地责任，屠宰加工企业应当围绕核心养殖环节，在畜禽主产区域拓展相应的市场，打破广域活体运输和销地屠宰的传统流通形式，将产品调运结构转变为以"运肉"为主，构建产地屠宰、冷链流通体系。在此过程中可以发挥大型农牧龙头企业的作用，引导其加快延伸产业链，合理调控定点屠宰厂分布，在畜禽主产地增加屠宰加工产能，增加冷鲜肉制品生产能力，提高畜产品信息透明度及可追溯性。

第二，以生猪产业为例，可以根据《全国生猪生产发展规划（2016～2020年）》划分的区域布局，将重点发展区和潜力增长区的生猪供给市场对接相邻约束发展区的猪肉消费市场，在区域间基本实现供需平衡，适度发展区则应在区域内基本实现自给。若以目前国内四大都市圈及周边地区作为中国生猪主消区域，则与其对接的主产区域选择应当遵循地理距离优先和供需总量平衡原则。笔者测算，可以在全国范围内构建四大生猪生产消费均衡区域，即消费区域"京津都市圈"+生产区域"东北三省、河北省、内蒙古自治区"，消费区域"长三角城市群"+生产区域"河南省、山东省、安徽省、江苏省"，消费区域"珠三角城市群"+生产区域"江西省、两广、两湖"，消费区域"成渝城市群"+生产区域"四川省、重庆市、两湖等地"。

第三，饲料资源对当前畜禽生产布局的制约十分明显，应加快饲料加工企业向主产区域布局产能，就地满足主产区域的饲料粮需求，降低饲料运输成本。同时可以适当扩大"粮改饲"政策实施区域，逐步将养殖资源禀赋好、粮改饲发展有潜力的主产区域全部纳入政策支持范围，保障饲料加工企业在畜禽主产区域的原料供应。此外，制约畜禽生产布局的因素还涉及良种繁育环节，因而需要积极保护与延续地方特色畜禽品种。当前政府主导建立种猪场的传统商业化模式有一定成效，但良种资源保护缺乏可持续性，而在畜牧产业链纵向一体化、产品同质化竞争日趋激烈的背景下，拥有雄厚资本和技术水平的龙头企业具备进入良种繁育市场的实力与动机。但由于良种繁育技术的特殊性，现阶段包括龙头企业在内的社会资本对于良种繁育市场的参与度仍然较低。建议在政府主导型保护模式的基础上，引导企业积极参与良种繁育体系建设，引入相应的市场机制，促进社会资本、科研机构和市场等多方共同参与，构建"市场导向、政府扶持、企业参与"的商业化模式。最后，消费端也要充分发挥大型龙头企业的作用，大力扶持企业参与构建地方特色畜产品产业链，打通从地方良种繁育端到特色畜产品品牌建立端再到消费端的链条，并根据全国不同区域消费偏好建立特色畜产品优质优价的市场消费体系，积极引导消费者在选择购买畜产品时优先关注品牌产地、品种差别及零售形态与技术。

二、提升畜牧产业政策和环保政策的长效性、稳定性与精准性

近年来，越来越多的农业龙头企业热衷于产业链纵向整合，特别是在受到《畜禽规模养殖污染防治条例》为代表的"一揽子"养殖业环境规制政策法规干预后，畜牧产业链加速整合发展的事实越发凸显，本书第五章和第六章的研究结论有助于理解现阶段畜牧企业热衷于纵向整合经营的现象，同时对政府正确引导和促进工商资本进入农业领域具有如下政策含义。

第一，以规模养殖场为实施重点对象的环境规制政策，在短期内成为推动龙头企业工商资本整合畜牧产业链的重要动力。就政府部门而言，应当继续以实施环境规制政策为契机，促进大量小散养殖户的持续退出及工商资本的有序进入，进一步推进畜牧产业链纵向整合深化，但这种影响效应是当前畜牧产业结构、政策实施方式及地方政府的选择性倾向等因素综合作用的结果。在当前"猪周期"波动叠加环保约束和非洲猪瘟疫情的复

杂背景下，稳定的政策环境是强化微观主体持续生产的有力手段。因此，政府部门应不断完善畜牧产业政策顶层设计，尤其需要协调稳定环保和稳产保供等长效性支持政策，降低政策实施的不确定性，稳定养殖主体生产预期，使相关产业政策在实施后期成为畜牧产业市场化进程的重要推手，间接推动龙头企业等重要微观主体扩大生产规模、优化资源配置和提高生产效率。在长远意义上，如果于"十四五"期间更加重视养殖业环境规制政策实施的稳定性、连贯性和精准性，继续推动畜牧产业结构调整和生产布局优化，则可以很好地实现工商资本持续深化与畜牧产业链纵向整合的目标。

第二，同时不容忽视的是，在长期的高度环保压力下，一些地方政府也可能乘机对不带来税收却增加当地污染和疫病风险的畜牧业进行打压和约束，不仅增加了规模养殖企业的生产成本，也导致一些中小规模养殖场（户）被迫调减存栏甚至退出。而非洲猪瘟疫情暴发后，产能严重下降导致供给不足、肉价飞涨，相关产业政策又迅速调整，从环保约束转向促进生产，陆续出台了多部有关生猪稳产保供的政策文件，包括各类政策性补贴及养殖用地保障等，一些养殖企业又纷纷乘机"占地"和扩大规模。生猪产业政策的顺周期调控不但难以平抑市场波动，还会因政策的摇摆幅度过大，使生产者感觉前后矛盾、无所适从，究其本质原因，主要在于相关产业政策边界模糊、衔接不畅及静态管理等。在当前"猪周期"波动叠加环保约束和非洲猪瘟疫情的复杂背景下，尤其需要稳定环保、金融和稳产保供等长效性支持政策。虽然各地政府已经制定了诸如延长畜牧业贷款期限、增加能繁母畜保险额度、提高良种补贴力度，简化养殖用地审批手续、开通运输"绿色通道"、开展多形式抵押贷款试点等相关具体政策，但仍需加大力度落实"菜篮子"市长负责制，利用专人专治体系，将上述散点、临时的支持政策整合固定为长效、稳定、差异化的政策法规。

第三，在企业层面推进产业链纵向整合的进程中，特别是国有企业应当首先致力于降低其内生成本，为纵向整合的持续深化创造组织内部成本优势。同时应考虑产业链环节的特性对企业纵向一体化经营战略的影响，对于上游饲料加工企业主导的纵向一体化，增加其专用性资产投资能促进其纵向一体化经营，但降低其内生成本可能并不是一个好方法；对于中游畜禽养殖企业主导的纵向一体化，增加其专用性资产投资、降低其内部成本都可以有效促进其纵向一体化经营；而对于下游屠宰加工企业主导的纵向一体化，降低其内生成本可以有效促进其纵向一体化经营，但增加其专用性资产投资可能促进作用有限。为此，政府应鼓励产业链上游饲料加工和中游畜禽养殖企业增加专用性资产投入，也可以对畜牧产业链进行适当的专用资产投资，但应注意产业链环节的差别。

三、引导工商资本因地制宜选择合适的方式和环节进入畜牧产业链

正如本书第七章研究结论所呈现的，农业企业与农户之间缔结的每一种农业契约安排在一定的区间内都是相对最有效率的，都有其最适的生产环节或产品属性。这意味着，在一定地区或产业内不能迷信和盲目推广某种农业产业化模式，而应该根据当地资源禀赋和产业环境选择合适的纵向一体化模式，农业企业也应根据环节特征和产品属性与农户缔结相应的契约形式。相关对策建议可从以下三个方面入手。

第一，统筹规划、合理布局引进农业产业化龙头企业。地方政府部门应结合自身资源禀赋等实际情况及多年来发展农业产业的宝贵经验，围绕当地特色产业对该地区农业产业化龙头企业进行统筹规划、合理布局。充分利用当地特色资源，根据气候、地形、土质、品种等特点打造具有专属特性的农产品，或根据当地传统习俗、民族文化等开发文化产业，并鼓励和引导龙头企业向这类农产品或产业发展，以"市场导向、政府扶持、企业参与"的农业产业化模式打造出当地特色农业产业。与此同时，消费端也要充分发挥农业产业化龙头企业的作用，大力扶持企业参与构建地方特色农产品产业链，打通从生产端到品牌构建端再到消费端的链条。

第二，注重不同产业链环节的差异，因地制宜安排合适的农业契约模式。历年"中央一号"文件多次指出"引导工商资本到农村发展适合企业化经营的种养业"，对于农户能够按要求生产或资产专用性要求不高的环节而言，企业的最优策略是通过商品契约建立稳定的原料供应基地，将重点放在高质量原料供应或农产品加工销售环节；对于良种繁育及高附加值农产品加工销售环节而言，拥有雄厚资本和技术水平的龙头企业具备进入这些环节的实力与动机，但由于此类产业链环节尤其是良种繁育环节的特殊性，现阶段包括龙头企业在内的社会资本的参与度仍然较低。建议在政府主导的基础上，引入相应的市场机制，根据当地产业环境引导和鼓励龙头

企业通过纵向一体化经营带动农户发展现代农业，允许其根据不同农产品在资产专用性等方面的差异，适度地以租赁农户承包地或雇佣农户劳动力等方式建设生产基地。

第三，促进农户与企业进行互补的专用性投资，提升双方缔约稳定性。农户的优势资源是人力资本和土地，龙头企业的优势资源是市场渠道、品牌、技术和资本，若期望达成长期稳定的合作状态，则双方需要进行互补的专用性资产投资。应当根据农户生产禀赋组织学习新的生产管理经验，提升自身技术水平和契约意识，从而提高农户的人力资本专用性；同时引导农业企业在核心环节投资专用性资产设备，给予企业在品牌建设、渠道扩展和产品深加工等方面的政策红利。

四、实施适度纵向整合战略，推动畜牧企业规模化发展

产业链纵向整合的制度优势在于，通过新技术采纳提高劳动生产率、土地生产率与价值增值率促进生产技术进步，更重要的是，生产技术受体由小农户转为专业化组织，不仅使技术采纳的门槛降低，而且使生产服务市场竞争格局状态产生，不断激励着各类生产服务主体强化技术创新。

通过本书第八章的研究不难发现，畜牧企业过于依赖横向规模扩大这"一条腿"来实现规模化发展，其潜力是有限的。从横向规模经营进一步拓展到产业链纵向整合，保障畜牧企业在规模经营的同时积极实施适度纵向整合战略，是避免"市场规模—交易成本"困境和促进畜牧企业规模化发展来提质增效的关键所在。相关政策建议具体包括以下三个方面。

第一，对畜牧企业而言，横向规模扩张与纵向整合深化是两种相互关联的规模化发展策略，两者存在互动实现机制。这意味着畜牧企业应避免在单个环节或领域内一味扩张，特别是对于已经在行业内具有较大影响力的龙头企业，应适当考虑通过吸纳社会资金投入或通过兼并、收购、重组和控股等方式组建大型畜牧企业集团，实施规模经营和纵向整合并举的发展战略，积极将业务范围拓展至产业链上下游各个环节领域，在分享规模经济效益的同时实现分工效率的提升，真正实现经营绩效的可持续增长。但同时应注意，畜牧龙头企业应依据自身横向规模和资本实力实施适度的

纵向整合战略，对于发展初期的中小规模的畜牧企业，在制定规模化发展策略时应优先考虑向产业链下游产品销售渠道进行前向整合，以保障稳定的产品销售渠道；而对于一些有较强实力的龙头企业，应同时向产业链上下游积极拓展渠道以促进规模化发展来提质增效。

第二，大多数畜牧企业都采用"公司+农户"的模式以快速进行产业链整合，但在具体运营的方式尤其是和终端用户的结合程度与机制、产业链的长度与深度等方面存在较大的差异，形成了各具特色的产业链管理方式。以往理论界比较关注的畜牧产业链的配套能力、产业链利益分配公平合理等只是产业链有效运转的必要条件，在企业经营实践中，经营管理创新的强化、企业战略的实施、人力资源支撑体系的构建、管理信息系统的构建、企业文化建设等也是畜牧产业链管理的重要方面，通过降低企业内生交易费用，提升畜牧产业链纵向整合绩效。

第三，一些具备资本实力和技术优势的畜牧龙头企业，如温氏、牧原等企业的畜禽生产技术指标与国际先进水平的差距正在快速缩小，通过产业链纵向整合自上而下地促进生产端小农户对新技术的采纳应用，摆脱传统的低效率生产方式，可能是在短期内提升中国畜牧业总体生产效率、缩小技术差距的有效途径。

在当前各类产业组织形式中，以农业龙头企业和合作社为载体的组织形式发展最为迅速。一是要不断支持龙头企业与中小养殖户建立稳定的利益联结机制。垂直一体化是实现"小农户对接大市场"的基本途径，但是现有政策缺乏持续的监督管理，难以发挥这一组织形式的技术优势。二是要大力规范合作社组织形式、提升合作社组织功能。将以合作社为载体的横向组织和以龙头企业为载体的纵向组织相结合，养殖户和企业具有利益的高度一致性均衡的博弈关系，主体之间的产权关系明晰，有利于促进养殖户生产效率提高。但是中国养殖专业合作社呈现"大群体、小规模"的特征，发展明显滞后于农业龙头企业，其组织功能、规模优势和技术促进作用都亟待提升。

地方政府应进一步提高在重点产业链纵向整合过程中的参与度，通过前期促进合作、中期监督管理、后期财政补贴等方式，促进双方以正式契约的形式，在先进生产技术采纳应用推广方面形成长期稳定关系，充分发挥龙头企业和合作社带动农户养殖技术进步的产业链优势。

第二节　本书结论及研究展望

一、本书结论

随着我国畜牧业进入产业化发展阶段，工商资本深化引起产业结构调整，生产分工带来了畜牧产业链核心环节的分离，放大了市场风险、增加了交易成本；另外，工商资本深化引致畜牧关联产业的市场容量增长和企业横向规模扩张，致使企业市场交易成本不断提高，使企业经营容易陷入"市场规模—交易成本"困境。从上述两个方面而言，单纯扩大横向规模的规模化发展策略，使畜牧企业经营绩效可持续增进存在着交易成本障碍。虽然企业规模经济效益在降低单位生产成本、提高经营绩效上发挥了积极作用，但传统的规模经济理论无法解释畜牧企业横向规模扩张与市场交易成本攀升的矛盾，这就应当转换视角，考虑纵向整合所表达的组织内部分工经济能否在畜牧业这一传统农业部门中得以体现，并有助于解决畜牧企业"市场规模—交易成本"矛盾。在资本深化进程加速推进、市场容量不断扩张、专业化分工程度不断提高的畜牧关联产业中，如何有效避免和解决畜牧企业规模化发展过程中面临的交易成本矛盾，不仅对促进畜牧企业经营绩效可持续增进具有重要实践价值，也能为政府有序引导工商资本进入畜牧业及其关联产业，推动我国乡村产业振兴和畜牧产业高质量发展提供思路和政策着力点。因此，本书在畜牧关联产业工商资本深化的背景下，从畜牧产业链纵向整合入手，沿着企业纵向整合的"深化路径、决策因素和经营绩效"这条主线展开，深入研究了畜牧产业链纵向整合的前因后果和微观机制，主要结论包括以下五个方面。

第一，当前国内畜牧产业正面临生物安全和环保政策等多重风险叠加的复杂局面，产业结构产生了一系列深刻的变化。从畜牧产业链核心环节的生产布局变化趋势来看，一是畜禽产地布局变迁，以"南猪北养、东猪西进"为代表养殖格局成为现实；二是养殖规模化进程加速，零散的农户养殖被规模化的资本养殖所替代，规模户占比迅速提高；三是生产组织重构，大量工商资本进入畜牧业及其关联产业，出现了不同的生产组织模式，畜牧企业开始实施纵向整合战略；四是畜牧产业链上游饲料加工环节、中游畜禽养殖环节、下游屠宰加工环节与终端畜禽产品消费环节等核心环节的分离，放大了产业链核心环节的市场风险、增加了市场交易成本，产消分离下产业资源配置效率不高。现阶段，我国畜牧产业链纵向整合程度仍然较低，但大致呈现波动上升的趋势，受国内养殖业环境规制的影响，2014年是畜牧产业链纵向整合程度提升的关键年份。

第二，工商资本深化通过引导畜牧企业增加专用性资产投资提高外生交易费用，以及使用资本替代劳动雇佣降低内生交易费用，进而促进畜牧产业链纵向整合，其中，"内生交易费用降低"效应的贡献率更高。从整合方向来看，工商资本深化对畜牧企业前向整合的促进作用更大，表明国内畜牧企业更倾向对产品销售渠道的整合。在产业链纵向整合过程中，畜牧企业应当注重专用性资产投资及资本对劳动的要素替代，以便更有效地扩展产业组织的纵向边界。异质性分析表明，工商资本深化对畜牧产业链纵向整合的促进作用表现出显著的企业产权性质异质性，以及产业链环节异质性。

第三，养殖业环境规制政策的实施，在改善和保护农业生态环境的同时，也显著促进了工商资本对畜牧产业链的纵向整合，且对企业前向整合的促进作用更大。从影响路径来看，养殖业环境规制政策的实施，一方面在养殖环节形成产业结构调整效应，通过"养殖成本—收益"机制和"市场进入—退出"机制，促进小散养殖户大量退出，加速工商资本在养殖环节的扩张速度和规模；另一方面在养殖环节引起生产布局转移效应，通过进一步提高养殖环节集中度，扩大饲料主产区、定点屠宰区与畜禽主产区之间的地理距离，增加产品或原料运输成本和损耗，提高了养殖企业外生交易成本，最终加速畜牧产业链纵向整合的进程。

第四，畜牧企业的每一种整合模式都是在给定的交易属性下企业权衡外部市场交易成本和内部生产成本，作出使企业成本最小化的理性选择。由于交易成本或资产专用性的差异，不同的生产环节或品种有其最适合的契约模式。由于契约的不完备性，龙头企业与养殖户的契约选择存在一个适应性调整的过程，非洲猪瘟疫情冲击或环境规制约束会降低履约效率，企业会调整原始的单一契约模式，向利益联结更加紧密的中间型契约或混合契约模式过渡，这一演变过程也会因为资产专用性的不同而存在差异。

如果企业和农户双方都缺乏耐心或者博弈次数太少，那么要素契约效率低于商品契约，反之则要素契约效率较高；如果缔约双方面临的外生风险冲击很大，那么中间型契约模式能够利用关系治理获得相对高的效率；如果同时生产多种产品且具有不同的资产专用性水平，那么混合契约模式相对最优。因此，畜牧企业需要在不同的产业链环节将商品契约、要素契约等形式融合，因地制宜采取灵活的纵向整合模式。

第五，畜牧企业横向规模、纵向整合与其经营绩效之间均呈现显著的倒"U"型关系，在畜牧企业纵向整合程度较低的情况下，倒"U"型曲线的拐点还将左移，而在畜牧企业纵向整合程度较高的情况下，畜牧企业横向规模扩张将持续改进其经营绩效；在适度区间内，整合产品销售渠道带来的经营绩效改进对于不同规模的畜牧企业具有普遍适用性，而整合原料供应渠道带来的经营绩效改进作用仅存在于大规模畜牧企业。在越过规模过小的门槛后，畜牧企业横向规模扩张可以促进纵向整合深化；在适度纵向整合的区间内，畜牧企业纵向整合深化可以促进横向规模扩张。纵向整合深化与横向规模扩张对畜牧企业经营绩效具有显著的正向交互效应，因而两种规模化发展策略不仅可以相互促进，还存在较强的协同效应。

综上所述，在畜牧关联产业工商资本深化背景下，企业为获取规模经济效益而进行单一的横向规模扩张，会引起市场交易成本攀升，最终进入规模效益边际递减的阶段，而通过对其他环节互补的专用性资产投资，以及充分利用资本对劳动的要素替代，向产业链上下游适度拓展纵向边界，在产业组织内部形成分工经济，是避免交易成本困境、实现畜牧企业经营绩效持续增长的关键。

二、未来研究展望

根据上述研究结论，未来中国畜牧产业链纵向整合可能的进路如下。

第一，发挥畜牧龙头企业带动作用，构建区域全产业链发展格局。发挥大型农牧龙头企业的引领作用，构建中观层面"产消平衡、区域互补、冷链流通"的格局，保障畜禽产品供给安全稳定，并在中观区域畜禽产消平衡的基础上，构建产地屠宰、冷链流通体系。

第二，促进畜牧产业政策和环保政策的长效性、稳定性与精准性。特别是在"十四五"期间，相关部门应更加重视养殖业环境规制政策实施的稳定性、连贯性和精准性，继续推动畜牧产业结构调整和生产布局优化，实现工商资本持续深化与畜牧产业链纵向整合的目标。但在这一过程中应关注畜牧企业所处的不同产业链环节之间的差别。

第三，引导工商资本因地制宜选择合适的方式和环节进入畜牧产业链。政府部门要统筹规划、合理布局引进农业产业化龙头企业，特别要注意在一定地区或产业内不能迷信和盲目推广某种农业产业化模式，而应该根据当地资源禀赋和产业环境选择合适的纵向一体化模式。农业企业也应根据环节特征和产品属性与农户缔结相应的契约形式，促进农户与企业进行互补的专用性投资，提升双方缔约稳定性。

第四，实施适度纵向整合战略，通过推动畜牧企业规模化发展提质增效。对于畜牧企业而言，横向规模扩张与纵向整合深化是两种相互关联的规模化发展策略，两者存在互动实现机制。过于依赖横向规模扩大这"一条腿"来实现规模化发展，其潜力是有限的，在规模经营的同时积极实施适度纵向整合战略，是避免"市场规模—交易成本"困境，促进畜牧企业规模化发展来提质增效的关键所在。

三、本书待完善之处

本书的写作是一个反复思考、论证、修改的循环过程，但受限于时间和精力，本书尚存在一些不足之处。

一是受限于数据的时效性，微观企业层面的数据来源于国泰安中国上市公司财务数据库（CSMAR），仅包括国内畜牧关联产业上市公司的数据，虽然能够在一定程度上反映行业龙头企业的经营策略和最新的资本动向，但还有很多未上市的畜牧企业没有被囊括，无法全面反映不同规模工商资本整合行为的差异，而这些中小企业同样处于畜牧产业链中。而如果使用"工业企业数据库"作为替代，虽能获取更多的企业样本，但只能获得2015年之前的数据，且仅包括产业链上下游的加工企业样本，缺乏产业链中游畜禽养殖企业样本。因而本书的实证研究在样本选择时无法兼顾数据的时效性和产业链环节的完整性。未来可以注重数据积累，进一步丰富研究样本，以国内上市企业拓展至工商注册在案的畜牧企业，甚至可以纳入国外大型畜牧企业的纵向整合案例进行比较研究，以得到更具一般性的结论。

二是本书基于整个畜牧关联产业的角度研究产业链核心环节和企业行为，将其中包含的不同畜禽品种同质化作为一个整体研究，好处是得出的结论具有一般性，但受限于数据的可获得性，缺少更为细致的经验数据进一步对畜牧业部门的细分产业，如猪牛羊等大型牲畜以及家禽产业链的纵向整合进行具体的分析与比较，从而忽略了专业化从事不同畜禽品种生产和服务的公司在经营策略中存在的差异。此外，案例分析部分的调研范围局限于江苏省内生猪养殖龙头企业，而江苏省畜牧业类型属于典型的农区畜牧业，因此案例分析得到的结论对国内"牧区"或"半牧区"畜牧产业组织的发展并不具有普适性。未来还需要就具体的产业类型，以及具有不同农业禀赋的地区进行深入挖掘，以得到更为针对性的结论和建议。

　　三是本书的研究时间跨度为 2008~2019 年，没有涉及 2020 年后新冠疫情对于畜牧企业决策和产业链整合的影响，也未将 2018 年在国内全面暴发的非洲猪瘟疫情（ASF）冲击纳入分析框架，这也为未来的研究提供了启示。未来的研究可以更多地关注新冠疫情或 ASF 等类似的公共卫生问题和食品安全方面的"黑天鹅"事件对国内乃至全球畜牧业产业链的冲击，特别是那些风险抵御能力较弱的非上市畜牧企业面对风险冲击时的经营策略和纵向整合战略调整。

参考文献

［1］Acemoglu D,Johnson S,Mitton T. Determinants of Vertical Integration: Financial Development and Contracting Costs[J]. *The Journal of Finance*,2009, 64(3):1251-1290.

［2］Adelman M A. Concept and Statistical Measurement of Vertical Integration[A]. Business Concentration and Price Policy [M]. *Princeton: Princeton University Press*,1955:281-330.

［3］Akerman A,Py L. Outsourcing and the Division of Labor between Firms:Evidence from Swedish Cities[R]. *Mimeo,Stockholm University*,2011.

［4］Azzam A,Nene G,Schoengold K. Hog Industry Structure and the Stringency of Environmental Regulation[J]. *Canadian Journal of Agricultural Economics*, 2015,63(3):333-358.

［5］Bai Z,Jin S,Wu Y,et al. China's Pig Relocation in Balance[J]. *Nature Sustainability*,2019,2(10):888.

［6］Bai Z,Ma L,Jin S,et al. Nitrogen,Phosphorus and Potassium Flows through the Manure Management Chain in China[J]. *Environmental Science & Technology*,2016,50(24):13409-13418.

［7］Baker G,Gibbons R,Murphy K J. Relational Contracts and the Theory of the Firm[J]. *The Quarterly Journal of Economics*,2002,117(1):39-84.

［8］Broedner P,Kinkel S,Lay G. Productivity Effects of Outsourcing[J]. *International Journal of Operations & Production Management*,2009,29(2):127-150.

［9］Buzzell R D. Is Vertical Integration Profitable? [J]. *Harvard Business Review*,1983,61(1):92-102.

［10］Carlton D W. Vertical Integration in Competitive Markets Under Uncertainty[J]. *The Journal of Industrial Economics*,1979,27(3):189-209.

[11] Carson S, Madhok A, Wu T. Uncertainty, Opportunism and Governance: The Effects of Volatility and Ambiguity on Formal and Relational Contracting[J]. *Academy of Management Journal*, 2006, 49(5): 1058-1077.

[12] Cheung S. The Contractual Nature of the Firm[J]. *The Journal of Law & Economics*, 1983, 26(1): 1-21.

[13] Coase R H. The Nature of the Firm[J]. *Economica*, 1937, 4(16): 386-405.

[14] Coase R H. The Problem of Social Cost [J]. *Journal of Law & Economics*, 1960, 3: 1-44.

[15] Coase R H. The New Institutional Economics [J]. *The American Economic Review*, 1998, 88(2): 72-74.

[16] Coles J W, Hesterly W S. The Impact of Firm-specific Assets and the Interaction of Uncertainty: An Examination of Make or Buy Decisions in Public and Private Hospitals [J]. *Journal of Economic Behavior & Organization*, 1998, 36(3): 383-409.

[17] Commons J. Institutional Economics: Its Place in Political Economy [M]. London: *Macmillan Publishers*, 1934.

[18] Davies S W, Morris C. A New Index of Vertical Integration: Some Estimates for UK Manufacturing[J]. *International Journal of Industrial Organization*, 1995, 13(2): 151-177.

[19] Danmeng FENG, KouRay MAO, Yujie YANG, et al. Crop-livestock Integration for Sustainable Agriculture in China: the History of State Policy Goals, Reform Opportunities and Institutional Constraints [J]. *Frontiers of Agricultural Science & Engineering*, 2023, 10(4): 518-529.

[20] Doney P M, Cannon J P. An Examination of the Nature of Trust in Buyer-seller Relationships[J]. *Journal of Marketing*, 1997, 61(2): 35-51.

[21] Eisenhardt K M, Graebner M E. Theory Building from Cases: Opportunities and Challenges[J]. *Academy of Management Journal*, 2007, 50(1): 25-32.

[22] Fan J P H, Lang L H P. The Measurement of Relatedness: An Application to Corporate Diversification[J]. *The Journal of Business*, 2000, 73(4): 629-660.

[23] Fan J P H, Huang J, Morck R, et al. Institutional Determinants of Vertical Integration in China[J]. *Journal of Corporate Finance*, 2017, 44(7): 524-539.

[24] Federico G. Feeding the World: An Economic History of Agriculture

（1800-2000）[M]. *New Jersey：Princeton University Press*, 2005.

[25] Forbes S J, Lederman M. Does Vertical Integration Affect Firm Performance? Evidence from the Airline Industry [J]. *The RAND Journal of Economics*, 2010, 41(4):765-790.

[26] Frank S D, Henderson D R. Transaction Costs as Determinants of Vertical Coordination in the US Food Industries[J]. *American Journal of Agricultural Economics*, 1992, 74(4):941-950.

[27] Ganesan S. Determinants of Long-term Orientation in Buyer-seller Relationships[J]. *Journal of Marketing*, 1994, 58(2):1-19.

[28] Grossman S J, Hart O D. The Costs and Benefits of Ownership：A Theory of Vertical and Lateral Integration[J]. *Journal of Political Economy*, 1986, 94(4): 691-719.

[29] Hart O, Moore J. Property Rights and the Nature of the Firm[J]. *Journal of Political Economy*, 1990, 98(6):1119-1158.

[30] Hart O. *Firms, Contracts and Financial Structure*[M]. *Oxford：Clarendon Press*, 1995.

[31] Heide J B. Interorganizational Governance in Marketing Channels[J]. *Journal of Marketing*, 1994, 58(1):71-85.

[32] Hoskisson R E. Multidivisional Structure and Performance：The Contingency of Diversification Strategy [J]. *The Academy of Management Journal*, 1987, 30(4):625-644.

[33] Jiang B, Frazier G V, Prater E L. Outsourcing Effects on Firms' Operational Performance [J]. *International Journal of Operations & Production Management*, 2006, 26(12):1280-1300.

[34] Jin S, Zhang B, Wu B, et al. Decoupling Livestock and Crop Production at the Household Level in China[J]. *Nature Sustainability*, 2021, 4(1):48-55.

[35] Joskow P L. Vertical Integration[Z]. *MIT Working Paper*, 2005.

[36] Klein B, Crawford R G, Alchian A A. Vertical Integration, Appropriable Rents and the Competitive Contracting Process [J]. *The Journal of Law & Economics*, 1978, 21(2):297-326.

[37] Kreps D M, Wilson R. Reputation and Imperfect Information [J]. *Journal of Economic Theory*, 1982, 27(2):253-279.

[38] Laffer A B. Vertical Integration by Corporations:1929-1965[J]. *The Review of Economics and Statistics*,1969,51(1):91-93.

[39] Lafontaine F,Slade M. Vertical Integration and Firm Boundaries:The Evidence[J]. *Journal of Economic Literature*,2007,45(3):629-685.

[40] Lieberman M B. Determinants of Vertical Integration:An Empirical Test[J]. *The Journal of Industrial Economics*,1991,39(5):451-466.

[41] Lind J T,Mehlum H. With or without U? The Appropriate Test for a U-shaped Relationship [J]. *Oxford Bulletin of Economics and Statistics*, 2010,72(1):109-118.

[42] Lohtia R,Brooks C M,Krapfel R E. What Constitutes a Transaction-specific Asset:An Examination of the Dimensions and Types[J]. *Journal of Business Research*,1994,20(3):261-270.

[43] Maddigan R J. The Measurement of Vertical Integration [J]. *The Review of Economics and Statistics*,1981,63(3):328-335.

[44] Martinez S W. Vertical Coordination in the Pork and Broiler Industries:Implications for Pork and Chicken Products[R]. *Agricultural Economics Reports*,1999.

[45] Masten S E. The Organization of Production:Evidence from the Aerospace Industry[J]. *Journal of Law and Economics*,1984,10(2):403-455.

[46] Meyer B D. Natural and Quasi-experiments in Economics[J]. *Journal of Business & Economic Statistics*,1995,13(2):151-161.

[47] Monteverde K, Teece J. Supplier Switching Costs and Vertical Integration in the Automobile Industry [J]. *The Bell Journal of Economics*, 1982,13(1):206.

[48] Nugent E J, Hamblin D J. Improved Methodologies for Vertical Integration Research [J]. *Integrated Manufacturing Systems*,1996,7(1):16-28.

[49] Peyrefitte J,Golden P A. Vertical Integration and Performance in the United States Computer Hardware Industry[J]. *International Journal of Management*, 2004,21(2):246.

[50] Poppo L, Zenger T. Do Formal Contracts and Relational Governance Function as Substitutes or Complements [J]. *Strategic Management Journal*, 2002,23(8):707-725.

[51] Reed R, Fronmueller M P. Vertical Integration: A Comparative Analysis of Performance and Risk [J]. *Managerial Decision Economics*, 1990,11(3):177-185.

[52] Rumelt R. Strategy Structure and Economic Performance[M]. *Boston*: *Harvard Business School Press*,1986.

[53] Sullivan J,Vasavada U,Smith M. Environmental Regulation & Location of Hog Production [J]. *Agricultural Outlook*,2000,274(9):19-23.

[54] Vannoni D. Empirical Studies of Vertical Integration: the Transaction Cost Orthodoxy [J]. *International Review of Economics and Business*, 2002,49(1):113-141.

[55] Wang K,Huo B,Tian M. How to Protect Specific Investments from Opportunism: A Moderated Mediation Model of Customer Integration and Transformational Leadership[J]. *International Journal of Production Economics*,2021, 232(2):107938.

[56] Williamson O E. Markets and Hierarchies [J]. *American Economic Review*,1975,63(1):70-72.

[57] Williamson O E. Public and Private Bureaucracies: A Transaction Cost Economics Perspectives[J]. *The Journal of Law, Economics and Organization*, 1999,3(15):306-342.

[58] Williamson O E. *The Economic Institutions of Capitalism: Firms, Markets,Relational Contracting*[M]. Beijing:China Social Sciences Pub,1985.

[59] Williamson O E. The Vertical Integration of Production: Market Failure Considerations[J]. *American Economic Review*,1971,61(2):112-123.

[60] Williamson O E. Transaction-Cost Economics: The Governance of Contractual Relations[J]. *Journal of Law & Economics*,1979,22(2):233-261.

[61] Yang X,Borland J. A Microeconomic Mechanism for Economic Growth[J]. *Journal of Political Economy*,1991,99(3):460-482.

[62] Yin R K. Case Study Research: Design and Methods[M]. *Los Angeles*: *Sage Publications*,2009.

[63] Young A A. Increasing Returns and Economic Progress[J]. *Economic Journal*,1928,38(152):527-542.

[64] 蔡昉. 刘易斯转折点后的农业发展政策选择[J]. 中国农村经

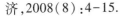

济,2008(8):4-15.

[65] 蔡荣,祁春节. 农业产业化组织形式变迁:基于交易费用与契约选择的分析[J]. 经济问题探索,2007(3):28-31.

[66] 曹俊杰. 工商企业下乡与经营现代农业问题研究[J]. 经济学家,2017(9):63-72.

[67] 陈超,徐磊. 流通型龙头企业主导下果品产业链的整合与培育:基于桃产业的理论与实践[J]. 农业经济问题,2020(8):77-90.

[68] 陈秋红,张宽. 新中国70年畜禽养殖废弃物资源化利用演进[J]. 中国人口·资源与环境,2020,30(6):166-176.

[69] 陈瑶生,王健,刘小红,等. 中国生猪产业新趋势[J]. 中国畜牧杂志,2015,51(2):8-14,19.

[70] 邓宏图,米献炜. 约束条件下合约选择和合约延续性条件分析:内蒙古塞飞亚集团有限公司和农户持续签约的经济解释[J]. 管理世界,2002(12):120-127.

[71] 邓宏图,王巍. 农业合约选择:一个比较制度分析[J]. 经济学动态,2015(7):25-34.

[72] 邓蓉,阎晓军,胡宝贵. 中国畜牧业产业链分析[M]. 北京:中国农业出版社,2011.

[73] 董艳,刘佩忠. 国有注资对民营企业绩效的影响:基于中国工业企业的研究[J]. 经济学(季刊),2021,21(6):1925-1948.

[74] 傅晨. "公司+农户"产业化经营的成功所在:基于广东温氏集团的案例研究[J]. 中国农村经济,2000(2):41-45.

[75] 高延雷,游玉婷,王志刚. 制度环境、产权性质与种植业产业链纵向整合:来自30家上市农业关联企业的证据[J]. 湖南农业大学学报(社会科学版),2018,19(2):23-29.

[76] 管曦. 中国茶产业链纵向整合研究[D]. 南京:南京农业大学,2012.

[77] 郭利京,林云志. 中国生猪养殖业规模化动力、路径及影响研究[J]. 农村经济,2020(8):126-135.

[78] 郭庆海. 渐行渐远的农牧关系及其重构[J]. 中国农村经济,2021(9):22-35.

[79] 郭晓鸣,廖祖君,付娆. 龙头企业带动型、中介组织联动型和合作社

一体化三种农业产业化模式的比较:基于制度经济学视角的分析[J].中国农村经济,2007(4):40-47.

[80]韩东林.中国农业投资主体结构:演化趋势、存在问题及对策[J].调研世界,2007(3):17-19.

[81]何德旭,周中胜.民营企业的政治联系、劳动雇佣与公司价值[J].数量经济技术经济研究,2011,28(9):47-60.

[82]何一鸣,罗必良,高少慧.企业的性质、社会成本问题与交易成本思想:关于科斯经济学说的历史回顾与理论述评[J].江苏社会科学,2014(4):46-54.

[83]何一鸣,张苇锟,罗必良.农业交易特性、组织行为能力与契约形式的匹配:来自2759个家庭农户的证据[J].产经评论,2019,10(6):31-45.

[84]何一鸣,张苇锟,罗必良.农业分工的制度逻辑:来自广东田野调查的验证[J].农村经济,2020(7):1-13.

[85]侯国庆.环境规制视角下的农户蛋鸡养殖适度规模研究[D].北京:中国农业大学,2017.

[86]侯明利.农业资本深化与要素配置效率的关系研究[J].经济纵横,2020(2):121-128.

[87]胡定寰.微观农业产业化的理论及其应用:我国现代农业产业组织理论的初探[J].中国农村观察,1997(6):23-28.

[88]胡浩.中国畜产经济学[M].北京:科学出版社,2012.

[89]胡浩,江光辉,戈阳.中国生猪养殖业高质量发展的现实需求、内涵特征与路径选择[J].农业经济问题,2022(12):32-44.

[90]胡浩,应瑞瑶,刘佳.中国生猪产地移动的经济分析:从自然性布局向经济性布局的转变[J].中国农村经济,2005(12):46-52,60.

[91]胡求光,李平龙,王文瑜.纵向一体化对中国渔业企业绩效的影响研究[J].农业经济问题,2015,36(4):87-93,112.

[92]胡新艳,陈文晖,罗必良.资本下乡如何能够带动农户经营:基于江西省绿能模式的分析[J].农业经济问题,2021(1):69-81.

[93]胡新艳,张雄,罗必良.服务外包、农业投资及其替代效应:兼论农户是否必然是农业的投资主体[J].南方经济,2020(9):1-12.

[94]胡新艳,朱文珏,罗必良.产权细分、分工深化与农业服务规模经营[J].天津社会科学,2016(4):93-98.

[95] 黄炳凯,耿献辉,胡浩.中国生猪养殖规模结构变动是产业政策造成的吗:基于马尔可夫链的实证分析[J].中国农村观察,2021(4):123-144.

[96] 黄浩.互联网驱动的产业融合:基于分工与纵向整合的解释[J].中国软科学,2020(3):19-31.

[97] 黄惠春,管宁宁,杨军.生产组织模式推进农业横向规模化的逻辑与路径:基于江苏省的典型案例分析[J].农业经济问题,2021(11):128-139.

[98] 贾伟,王丽明,毛学峰,等.中国农业企业存在"出口—生产率悖论"吗?[J].中国农村经济,2018(3):45-60.

[99] 江光辉,胡浩.生猪价格波动、产业组织模式选择与农户养殖收入:基于江苏省生猪养殖户的实证分析[J].农村经济,2019(12):96-105.

[100] 江光辉,胡浩.工商资本下乡会导致农户农地利用"非粮化"吗:来自CLDS的经验证据[J].财贸研究,2021,32(3):41-51.

[101] 蒋旭霞.纵向一体化对畜牧龙头企业绩效的影响研究[D].镇江:江苏大学,2018.

[102] 金芳民.畜牧企业纵向一体化经营绩效研究[D].广州:华南农业大学,2016.

[103] 金书秦,韩冬梅,吴娜伟.中国畜禽养殖污染防治政策评估[J].农业经济问题,2018(3):119-126.

[104] 靳涛.从交易成本的争议到契约理论的深化:新制度经济学企业理论发展述评[J].财经理论与实践,2003(5):14-18.

[105] 科斯.企业的性质[M].上海:三联书店,1991.

[106] 匡远配,唐文婷.中国农业资本深化问题研究[J].农业经济问题,2015,36(10):60-68.

[107] 李谷成.资本深化、人地比例与中国农业生产率增长:一个生产函数分析框架[J].中国农村经济,2015(1):14-30,72.

[108] 李晗,赵敏娟,陆迁.畜禽禁养区政策降低了中国生猪产能吗:基于县域面板数据的实证分析[J].农业经济问题,2021(8):12-27.

[109] 李嘉楠,孙浦阳,唐爱迪.贸易成本、市场整合与生产专业化:基于商品微观价格数据的验证[J].管理世界,2019,35(8):30-43.

[110] 李鹏程,王明利.环保和非洲猪瘟疫情双重夹击下生猪生产如何恢复:基于八省的调研[J].农业经济问题,2020(6):109-118.

[111] 李青原.我国上市公司纵向并购的战略动因与经营绩效分析[M].

北京:北京大学出版社,2011a.

[112] 李青原. 资产专用性与公司纵向并购财富效应:来自我国上市公司的经验证据[J]. 南开管理评论,2011b,14(6):116-127.

[113] 李青原,陈超,唐建新. 纵向一体化动因研究评述:交易费用经济学演化视角[J]. 上海立信会计学院学报,2010,24(5):11-18.

[114] 李青原,唐建新. 企业纵向一体化的决定因素与生产效率:来自我国制造业企业的经验证据[J]. 南开管理评论,2010,13(3):60-69.

[115] 李青原,王永海. 资产专用性、资产一体化与公司并购绩效的实证研究[J]. 经济评论,2007(2):90-95.

[116] 李秋梅. 中国生猪价格传导机制与产业链整合研究[D]. 贵阳:贵州财经大学,2021.

[117] 李太平,王天玉,王善高. 新能源汽车企业的纵向整合战略与企业生产率之间的关系研究[J]. 工业技术经济,2019,38(10):120-127.

[118] 李万君,胡春红,李艳军. 规模化还是多元化,抑或二者并举:种子企业技术创新能力提升路径的实证分析[J]. 中国农村经济,2021(5):102-123.

[119] 廖祖君,郭晓鸣. 中国农业经营组织体系演变的逻辑与方向:一个产业链整合的分析框架[J]. 中国农村经济,2015(2):13-21.

[120] 刘传江,李雪. 西方产业组织理论的形成与发展[J]. 经济评论,2001(6):104-106.

[121] 刘凤芹. 不完全合约与履约障碍:以订单农业为例[J]. 经济研究,2003(4):22-30,92.

[122] 刘立军. 全面环境规制与生猪养殖规模化和集聚化:基于污染处理内外部规模经济视角[D]. 南京:南京农业大学,2021.

[123] 刘平青. 对民间资本投资农业的评析与思考[J]. 中国农村经济,2004(10):46-55.

[124] 刘婷婷,周力,唐淑芬. 中国契约农业产生背景、历史演进与现行模式:兼论国际契约农业发展模式及经验启示[J]. 世界农业,2020(2):25-32.

[125] 刘洋. 纵向一体化理论述评[J]. 华南理工大学学报(社会科学版),2002(1):41-45.

[126] 刘颖娴,郭红东. 资产专用性与中国农民专业合作社纵向一体

化经营[J].华南农业大学学报(社会科学版),2012(4):52-61.

[127]刘源,王斌,朱炜.纵向一体化模式与农业龙头企业价值实现:基于圣农和温氏的双案例研究[J].农业技术经济,2019(10):114-128.

[128]刘越,肖红波.我国生猪产业转型升级典型模式剖析及启示[J].中国兽医杂志,2020,56(1):134-139.

[129]卢闯,张伟华,崔程皓.市场环境、产权性质与企业纵向一体化程度[J].会计研究,2013(7):50-55.

[130]罗必良.科斯定理:反思与拓展:兼论中国农地流转制度改革与选择[J].经济研究,2017a,52(11):178-193.

[131]罗必良.论服务规模经营:从纵向分工到横向分工及连片专业化[J].中国农村经济,2017b(11):2-16.

[132]罗必良.要素交易、契约匹配及其组织化:"绿能模式"对中国现代农业发展路径选择的启示[J].开放时代,2020(3):9,133-156.

[133]罗必良,张苇锟,何一鸣.产权与分工的制度逻辑:来自全国9省的调研证据[J].制度经济学研究,2019(2):58-88.

[134]罗浩轩.当代中国农业转型"四大争论"的梳理与评述[J].农业经济问题,2018(5):33-42.

[135]罗浩轩.中国农业资本深化对农业经济影响的实证研究[J].农业经济问题,2013,34(9):4-14.

[136]吕军书,张鹏.关于工商企业进入农业领域需要探求的几个问题[J].农业经济,2014(3):65-67.

[137]吕亚荣,王春超.工商业资本进入农业与农村的土地流转问题研究[J].华中师范大学学报(人文社会科学版),2012,51(4):62-68.

[138]马华,王松磊.我国城乡一体化背景下的公司下乡与乡村治理[J].农业经济问题,2016,37(4):16-22,110.

[139]马克思.资本论(第一卷)[M].中共中央马克思恩格斯列宁斯大林著作编译局,译.北京:人民出版社,2001.

[140]马少华.中国农业企业:发展历程、运行特征及新时代使命[J].农业经济,2020(12):23-25.

[141]马彦丽,何苏娇,高艳.以乳品加工企业还是以奶农为核心:中国奶产业链纵向一体化政策反思及改进思路[J].南京农业大学学报(社会科学版),2018,18(6):146-156.

［142］毛其淋．外资进入自由化如何影响了中国本土企业创新？［J］．金融研究,2019(1):72-90.

［143］缪匡华．马克思对分工理论的贡献及其对企业组织研究的意义［J］．科学社会主义,2005(4):27-31.

［144］聂辉华．最优农业契约与中国农业产业化模式［J］．经济学(季刊),2013,12(1):313-330.

［145］牛若峰．农业产业化经营的组织方式和运行机制［M］．北京:北京大学出版社,2000.

［146］牛晓帆．西方产业组织理论的演化与新发展［J］．经济研究,2004(3):116-123.

［147］彭真善,宋德勇．交易成本理论的现实意义［J］．财经理论与实践,2006(4):15-18.

［148］戚振宇,李新光．农业产业化组织模式的三类选择标准及其比较［J］．商业经济,2019(1):98-101.

［149］綦好东,王瑜,王斌．基于经营战略视角的农工企业财务竞争力评价［J］．中国农村经济,2015(10):69-79.

［150］綦好东,王瑜．农工一体化企业价值链:纵向一体化收益与盈利模式重构:基于 A 股上市公司的分析［J］．经济管理,2014,36(9):103-109.

［151］钱忠好．节约交易费用:农业产业化经营成功的关键:对江苏如意集团的个案研究［J］．中国农村经济,2000(8):62-66.

［152］任劭婷．从"自然秩序"到"资本逻辑":论斯密与马克思的劳动分工思想及其当代意义［J］．山东社会科学,2016(2):70-77.

［153］芮明杰,刘明宇．产业链整合理论述评［J］．产业经济研究,2006(3):60-66.

［154］石大千,李格,刘建江．信息化冲击、交易成本与企业 TFP:基于国家智慧城市建设的自然实验［J］．财贸经济,2020(3):1-14.

［155］史耀波,邓朝晖,杨水利．基于交易成本经济学的外部治理与企业生产技术创新关系研究［J］．科技进步与对策,2012,29(17):82-85.

［156］司瑞石,陆迁,张淑霞,等．畜禽禁养政策对替代生计策略与养殖户收入的影响［J］．资源科学,2019,41(4):643-654.

［157］宋冬林,谢文帅．我国生猪产业高质量发展的政治经济学分析［J］．经济纵横,2020(4):1-9,137.

［158］宋茂华．资产专用性、纵向一体化和农民专业合作社：对公司领办型合作社的解析［J］．经济经纬，2013（5）：35-41.

［159］宋宇．马克思经济学与西方经济学的厂商理论比较研究［J］．经济纵横，2010（5）：13-17.

［160］孙玮，王满．纵向一体化如何影响企业的现金持有水平：基于我国上市公司的实证分析［J］．现代财经（天津财经大学学报），2019，39（10）：76-94.

［161］唐东波．市场规模、交易成本与垂直专业化分工：来自中国工业行业的证据［J］．金融研究，2013（5）：181-193.

［162］唐莉，王明利．中国生猪产业发展、政策评价与现实约束：基于政策与环境视角［J］．世界农业，2020（11）：112-124.

［163］唐丽娟，袁芸．论环境规制对农业企业竞争力的影响及传导机制［J］．农村经济，2014（2）：31-34.

［164］田文勇．环境规制背景下生猪适度规模养殖决策研究［D］．成都：四川农业大学，2017.

［165］涂圣伟．工商资本参与乡村振兴的利益联结机制建设研究［J］．经济纵横，2019（3）：23-30.

［166］涂圣伟．工商资本下乡的适宜领域及其困境摆脱［J］．改革，2014（9）：73-82.

［167］万俊毅，彭斯曼，陈灿．农业龙头企业与农户的关系治理：交易成本视角［J］．农村经济，2009（4）：25-28.

［168］万俊毅．准纵向一体化、关系治理与合约履行：以农业产业化经营的温氏模式为例［J］．管理世界，2008（12）：93-102.

［169］王斌，王乐锦．纵向一体化、行业异质性与企业盈利能力：基于中加澳林工上市公司的比较分析［J］．会计研究，2016（4）：70-76,96.

［170］王冬，吕延方．交易环境属性、主体特征与纵向一体化［J］．中国工业经济，2012（1）：79-89.

［171］王桂霞．我国肉牛产业发展研究述评［J］．吉林农业大学学报，2005（2）：233-236.

［172］王明利．主要畜禽产业各环节利益分配格局研究［J］．农业经济问题，2008（S1）：178-182.

［173］王文瑜，胡求光．产业纵向一体化对水产品出口贸易的影响研

究[J].国际贸易问题,2015(5):53-61.

[174] 王晓露.工商资本下乡的动因、问题及应对[J].农业经济,2019(12):85-86.

[175] 王亚飞,唐爽.农业产业链纵向分工制度安排的选择[J].重庆大学学报(社会科学版),2013,19(3):33-38.

[176] 王瑜,綦好东.我国农工一体化企业纵向一体化:程度与绩效[J].东岳论丛,2015,36(8):123-127.

[177] 王瑜.竞争程度、市场需求波动与纵向一体化:来自中国农产品加工业的经验数据[J].贵州财经学院学报,2012(1):56-61.

[178] 王雨佳.能源产业链整合与企业生产效率:以煤电纵向一体化为例[J].北京理工大学学报(社会科学版),2019,21(4):29-38.

[179] 王志刚,张哲.企业进入农业的发展历程、存在问题及其对策展望[J].农业展望,2011,7(12):29-33.

[180] 吴本健,肖时花,马九杰.农业供给侧结构性改革背景下的农业产业化模式选择:基于三种契约关系的比较[J].经济问题探索,2017(11):183-190.

[181] 吴海民.市场关系、交易成本与实体企业"第四利润源":基于2007—2011年370家民营上市公司的实证研究[J].中国工业经济,2013(4):107-119.

[182] 吴利华,周勤,杨家兵.钢铁行业上市公司纵向整合与企业绩效关系实证研究:中国钢铁行业集中度下降的一个分析视角[J].中国工业经济,2008(5):57-66.

[183] 吴林海,许国艳,杨乐.环境污染治理成本内部化条件下的适度生猪养殖规模的研究[J].中国人口·资源与环境,2015,25(7):113-119.

[184] 吴曼,赵帮宏,宗义湘.农业公司与农户契约形式选择行为机制研究:基于水生蔬菜产业的多案例分析[J].农业经济问题,2020(12):74-86.

[185] 吴小节,陈小梅,谭晓霞,等.企业纵向整合战略理论视角研究述评[J].管理学报,2020,17(3):456-466.

[186] 夏胜.资本深化、禀赋结构的农业生产效率影响研究[D].杭州:浙江大学,2018.

[187] 徐斌.交易成本是影响纵向整合选择的重要因素吗:来自中国煤电上市公司的实证检验[J].经济经纬,2012(1):12-17.

［188］徐传谌,刘凌波．从新古典厂商理论到现代企业理论:制度内化与范式转换［J］．当代经济研究,2007(4):17-19.

［189］许道夫．中国近代农业生产及贸易统计资料［M］．上海:上海人民出版社,1983.

［190］徐立峰,金卫东,陈珂．养殖规模、外部约束与生猪养殖者亲环境行为采纳研究［J］．干旱区资源与环境,2021,35(4):46-53.

［191］亚当·斯密．国富论［M］．杨敬年,译．西安:陕西人民出版社,2001.

［192］严火其．农业效率与生态的冲突:基于分工视角的分析［J］．自然辩证法通讯,2019,41(12):68-77.

［193］杨鹏程,周应恒．工商资本投资农业的经济分析［J］．广西社会科学,2016(8):62-66.

［194］杨瑞龙,聂辉华．不完全契约理论:一个综述［J］．经济研究,2006(2):104-115.

［195］杨小凯,黄有光．专业化与经济组织［M］．北京:经济科学出版社,1999.

［196］杨小凯．企业理论的新发展［J］．经济研究,1994(7):60-65.

［197］叶云,李秉龙,耿宁．交易成本、制度环境与畜牧业产业链纵向整合程度:来自畜牧业不同环节上市企业数据［J］．农业技术经济,2015(1):120-128.

［198］易福金,李慧奇,刘畅．中国农业增长:社会资本推动下的新旧动能转换［J］．农业经济,2022(2):6-8.

［199］应瑞瑶,王瑜．交易成本对养猪户垂直协作方式选择的影响:基于江苏省542户农户的调查数据［J］．中国农村观察,2009(2):46-56.

［200］于法稳,黄鑫,王广梁．畜牧业高质量发展:理论阐释与实现路径［J］．中国农村经济,2021(4):85-99.

［201］于秋华．解读斯密和马克思的劳动分工理论［J］．大连海事大学学报(社会科学版),2007(4):27-31.

［202］袁庆明,刘洋．威廉姆森交易成本决定因素理论评析［J］．财经理论与实践,2004(5):16-20.

［203］原毅军,谢荣辉．环境规制的产业结构调整效应研究:基于中国省际面板数据的实证检验［J］．中国工业经济,2014(8):57-69.

[204] 曾楚宏,朱仁宏. 外部生产技术创新对企业边界的影响[J]. 中南财经政法大学学报,2014(2):135-142.

[205] 战相岑,荣立达,张峰. 经济政策不确定性与垂直整合:基于供应链视角的传导机制解释[J]. 财经研究,2021,47(2):49-63.

[206] 张红凤,周峰,杨慧,等. 环境保护与经济发展双赢的规制绩效实证分析[J]. 经济研究,2009,44(3):14-26,67.

[207] 张建雷,席莹. 关系嵌入与合约治理:理解小农户与新型农业经营主体关系的一个视角[J]. 南京农业大学学报(社会科学版),2019,19(2):1-9.

[208] 张利庠. 产业组织、产业链整合与产业可持续发展:基于我国饲料产业"千百十调研工程"与个案企业的分析[J]. 管理世界,2007(4):78-87.

[209] 张利庠,罗千峰,韩磊. 构建中国生猪产业可持续发展的长效机制研究[J]. 农业经济问题,2020(12):50-60.

[210] 张露,罗必良. 小农生产如何融入现代农业发展轨道:来自中国小麦主产区的经验证据[J]. 经济研究,2018,53(12):144-160.

[211] 张露,罗必良. 规模经济抑或分工经济:来自农业家庭经营绩效的证据[J]. 农业技术经济,2021(2):4-17.

[212] 张五常. 企业的契约性质[A]. 企业制度和市场组织:交易费用经济学文选[M]. 上海:格致出版社,2017.

[213] 张喜才,张利庠. 我国生猪产业链整合的困境与突围[J]. 中国畜牧杂志,2010,46(8):22-26.

[214] 张学会,王礼力. 农民专业合作社纵向一体化水平测度:模型与实证分析[J]. 中国人口·资源与环境,2014,24(6):37-44.

[215] 张延龙,王明哲,钱静斐,等. 中国农业产业化龙头企业发展特点、问题及发展思路[J]. 农业经济问题,2021(8):135-144.

[216] 张园园,吴强,孙世民. 生猪养殖规模化程度的影响因素及其空间效应:基于13个生猪养殖优势省份的研究[J]. 中国农村经济,2019(1):62-78.

[217] 张贞. 纵向一体化、产业集聚对我国农副食品加工业经营绩效的影响[J]. 中国林业经济,2019(6):26-29.

[218] 赵建华. 产业链核心企业技术集成能力影响其纵向边界的研究[D].

沈阳:东北大学,2013.

[219] 赵鲲,肖卫东. 租地还是订单:工商企业建设农产品原料基地的契约选择[J]. 农业经济问题,2020(7):4-13.

[220] 赵玉民,朱方明,贺立龙. 环境规制的界定、分类与演进研究[J]. 中国人口·资源与环境,2009,19(6):85-90.

[221] 赵玥,李翠霞. 畜禽粪污治理政策演化研究[J]. 农业现代化研究,2021,42(2):232-241.

[222] 郑晓书,王芳. 一个不完全契约履约效率的案例研究:基于农业循环经济项目的实践逻辑[J]. 农业经济问题,2021(8):278-291.

[223] 周端明. 中国农业的资本深化进程:现状描述与动力分析[J]. 安徽师范大学学报(人文社会科学版),2014,42(1):90-97.

[224] 周海文,周海川. 中国饲料产业集中度对市场绩效的影响研究:基于企业个体层面的追踪数据[J]. 中国物价,2018(11):71-73.

[225] 周晶,陈玉萍,丁士军. "一揽子"补贴政策对中国生猪养殖规模化进程的影响:基于双重差分方法的估计[J]. 中国农村经济,2015(4):29-43.

[226] 周力. 产业集聚、环境规制与畜禽养殖半点源污染[J]. 中国农村经济,2011(2):60-73.

[227] 周立群,曹利群. 商品契约优于要素契约:以农业产业化经营中的契约选择为例[J]. 经济研究,2002(1):14-19.

[228] 周立群,邓宏图. 为什么选择了"准一体化"的基地合约:来自塞飞亚公司与农户签约的证据[J]. 中国农村观察,2004(3):2-11.

[229] 周勤. 纵向一体化趋势和市场竞争力关系研究:以江苏制造业的实证为例[J]. 中国工业经济,2003(7):40-45.

[230] 朱润,何可,张俊飚. 环境规制如何影响规模养猪户的生猪粪便资源化利用决策:基于规模养猪户感知视角[J]. 中国农村观察,2021,162(6):85-107.

[231] 朱增勇,浦华,杨春. 新冠肺炎对生猪产业影响及应对策略[J]. 农业经济问题,2020(3):24-30.

附　录

附录一　畜牧业关联企业样本概览

股份代码	企业名称	上市时间（年）	经营业务范围	注册地
000048	康达尔集团	1994	饲料生产*、商品猪和商品鸡养殖	广东省深圳市
000702	正虹科技	1997	饲料生产*、种猪繁育、肉食品加工	湖南省岳阳市
000735	罗牛山食品	1997	种猪繁育、仔猪、商品猪养殖*、饲料	海南省海口市
000876	新希望六和	1998	饲料生产*、良种繁育、商品养殖、屠宰、深加工、零售	四川省绵阳市
000895	双汇集团	1998	饲料生产、畜禽养殖、屠宰、肉制品加工*、流通销售	河南省漯河市
002100	天康生物	2006	饲料生产*、良种繁育、动物保健	新疆维吾尔自治区乌鲁木齐市
002124	天邦集团	2007	饲料生产*、疫苗生产、生猪养殖、肉食品加工	浙江省余姚市
002143	高金食品	2007	种猪繁育、商品猪养殖、屠宰加工、肉制品精深加工*	四川省遂宁市
002157	正邦集团	2007	种植业、饲料加工*、畜禽养殖、肉食品加工	江西省南昌市
002234	民和集团	2008	饲料生产、苗鸡孵化、商品鸡养殖*、肉食品加工	山东省烟台市

股份代码	企业名称	上市时间（年）	经营业务范围	注册地
002299	圣农集团	2006	育种孵化、饲料加工、肉鸡养殖*、肉鸡加工、冷链物流销售	福建省南平市光泽县
002311	海大饲料	2007	饲料生产*、种苗繁育、生物制药、养殖、食品流通	广东省广州市
002321	华英集团	2002	畜禽养殖、屠宰加工及制品销售*	河南省信阳市潢川县
002329	皇氏乳业	2010	乳品生产加工*、流通销售	广西壮族自治区南宁市
002330	得利斯食品	2007	肉品精深加工*、流通销售	山东省诸城市
002385	大北农集团	2010	饲料生产*、动物保健、疫苗生产、种猪繁育、养殖	北京市海淀区
002458	益生集团	2007	种畜禽繁育、商品养殖*、销售	山东省烟台市
002477	雏鹰农牧	2009	饲料生产、生猪养殖*、屠宰加工、冷链物流	河南省新郑市
002505	鹏都农牧	2010	饲料添加剂、种畜禽繁育*、禽畜产品加工、乳制品销售	湖南省长沙市高新开发区
002515	金字火腿	2010	肉品精深加工*、流通销售	浙江省金华市
002567	唐人神集团	2011	良种繁育、饲料加工、商品养殖*、肉品加工、流通销售	湖南省株洲市
002714	牧原集团	2014	生猪养殖*、良种繁育、饲料加工、屠宰	河南省南阳市
002726	龙大肉食	2014	肉品精深加工*、流通销售	山东省莱阳市
002746	仙坛股份	2015	饲料生产、家禽饲养、活禽销售、家禽屠宰、食品加工*	山东省烟台市
002840	华统集团	2017	饲料生产、家禽养殖、屠宰、肉制品加工*	浙江省义乌市
002910	庄园牧场	2015	奶牛繁育、养殖、乳品加工*、流通销售	甘肃省兰州市
300106	西部牧业	2010	种畜繁育及销售、生鲜乳收购、加工与销售*、兽药销售	新疆维吾尔自治区石河子市
300313	天山乳业	2003	乳品生产加工*、流通销售	新疆维吾尔自治区昌吉市
300498	温氏集团	2015	种畜禽繁育、畜禽养殖*、屠宰加工、流通销售	广东省云浮市

续表

股份代码	企业名称	上市时间（年）	经营业务范围	注册地
300761	立华集团	2019	种禽繁育、家禽养殖*、屠宰加工、流通销售	江苏省常州市
603477	巨星农牧	2017	饲料生产*、畜禽养殖、肉食品生产加工、销售	四川省成都市崇州市
600073	上海梅林	1997	肉品精深加工*、流通销售	上海市浦东新区
600419	天润乳业	2001	饲料生产、奶牛养殖、乳制品加工与销售*	新疆维吾尔自治区乌鲁木齐市
600429	三元食品	2003	乳品生产与食品加工*、流通销售	北京市大兴区
600438	通威集团	2004	饲料生产*、畜禽养殖、食品加工	四川省成都市
600597	光明乳业	2002	奶牛繁育、商品养殖、乳品加工*、流通销售	上海市闵行区
600887	伊利乳业	2010	奶牛繁育、商品养殖、乳品加工*、流通销售	内蒙古自治区呼和浩特市
600965	福成集团	2004	畜禽产品加工*、流通销售	河北省三河市
600975	新五丰集团	2004	饲料生产、商品猪养殖*、冷鲜肉加工、流通销售	湖南省长沙市
603609	禾丰牧业	2014	饲料生产*、畜禽养殖、食品精深加工	辽宁省沈阳市

注：＊表示样本企业主营业务。

资料来源：各上市企业官网。

附录二　2015~2022年部分畜牧龙头企业生猪养殖业务概况

单位：万头

2015 年		2016 年		2017 年		2018 年		2019 年		2020 年		2021 年		2022 年	
企业	出栏	企业	出栏	企业	出栏	企业	出栏	企业	出栏	企业	出栏	企业	出栏	企业	出栏
温氏	1535	温氏	1712	温氏	1904	温氏	2230	温氏	1852	牧原	1812	牧原	2026	牧原	6120
正大	300	正大	500	牧原	724	牧原	1101	牧原	1025	温氏	955	正邦	1493	温氏	1791
中粮	230	中粮	350	正大	500	正大	930	正大	350	新希望	829	温氏	1322	新希望	1461
牧原	192	牧原	311	正邦	342	正邦	554	正邦	578	正邦	738	新希望	998	正大	1100
雏鹰	172	正邦	226	雏鹰	251	雏鹰	143	新希望	355	天邦	308	天邦	428	双胞胎	933
正邦	158	宝迪	200	中粮	223	新希望	258	天邦	244	大北农	152	大北农	431	正邦	845
宝迪	100	扬翔	150	扬翔	150	中粮	255	双胞胎	200	傲农	135	傲农	325	傲农	519
扬翔	80	雏鹰	140	新希望	111	天邦	217	中粮	199	天康	135	天康	160	德康	500
新希望	87	新希望	100	天邦	101	扬翔	160	大北农	163	唐人神	103	唐人神	154	扬翔	480
天邦	42	天邦	58	广安	70	大北农	100	扬翔	150	金新农	80	金新农	107	大北农	443
合计	2896	合计	3747	合计	4376	合计	5948	合计	5116	合计	5247	合计	7444	合计	14192
CR10	4.1%	CR10	5.6%	CR10	6.4%	CR10	8.6%	CR10	9.4%	CR10	10.4%	CR10	11.1%	CR10	20.28%

资料来源：布瑞克农业数据库。

后　记

　　本书是在我博士阶段研究的基础上整理而成的。光阴荏苒，弹指一挥，回首求学时的点点滴滴，尽管有难以承受的各种压力，也曾有莫名其妙的伤感，但收获更多的是厚重积淀与淡然心态。在书稿即将付梓之际，我想由衷地对那些在不同阶段出现在我身边，并且帮助、激励和关心我的人说一声：谢谢！

　　"饮其流时思其源，成吾学时念吾师。"本书从最初选题构思到前后数次调研安排，以及成稿后的调整完善，无不凝聚着恩师胡浩教授的思想和智慧。犹记得第一次与胡老师探讨选题的场景，那是在一次外出调研的途中，在狭小的公务车内，胡老师畅谈对当前畜牧产业的理解和未来发展趋势的研判，并建议在做研究时要有开阔的思维，兼具历史的观念和全球的视野，将研究问题凝练聚焦于一点。虽然世界总是试图展现其宏大的一面，但我们只需要探索其中一点，把身心和时间都投入在这个很小的点上，将其变为很深的点，文章撰写过程如此，学术目标的追求过程亦是如此。但学生愚钝，未能将其融会贯通并付诸实践，每每想起，有愧于心。"得天下英才而教育之，为师者之乐"，我非英才，恩师却以师者匠心，耐心打磨我这块钝石，何其幸哉！

　　"高山仰止，景行行止。"在我印象中，胡老师看似严肃冷峻，实则和蔼可亲；看似平常普通，实则成就卓著。感谢恩师的一丝不苟。如果没有那些苛刻的要求，就不会有我现在学术水平和专业素养的提升，也不会有多篇高质量论文的形成与发表，更不会有本书的成稿出版之日。感谢恩师的悉心培养。拜入胡老师门下的四年时间里，我从未错过任何一次师门组会，与学术的刻板单调相比，老师每每风趣却又真诚地分享自己的人生阅历，使我深切地感受到聆听恩师教诲是那么的津津有味。感谢恩师春风化雨般的鼓励。胡老师博学、严谨的治学精神和宽容、洒脱的处世哲学一次次地浸润着我、鼓励着我，无论是博士论文得以顺利答辩，还是求职途中得以拨云见日，都离不开胡老师殷殷似友亲的关怀。在此，衷心祝愿胡老师教泽绵长、桃李芬芳，胡师门蓬勃发展、学术常青！

书稿能够顺利完成还得益于南京农业大学诸多老师的指导，他们总是言传身教，不厌其烦。特别感谢钟甫宁和徐志刚两位教授的无私帮助和点拨，尤其是在预答辩中，钟老师敏捷的洞察力和一针见血的点评令我受益匪浅，我看到了一位严谨学者对待学术的一丝不苟。文章送盲审之前，为避免专家可能的"发难"，徐老师循循善诱地为我指出了文章潜在的漏洞，手把手教我如何完善计量模型和实证研究、如何凝练科学问题和创新之处，并指导我从论文修改中提高学术能力。两位长辈对待学生的孜孜不倦，使我备受感动；两位大师对待学术的赤子之心，更是让我汗颜！

我在南京农业大学求学期间也得到了其他老师的帮助。感谢董晓林教授、李太平教授、易福金教授和田旭教授在开题中，为研究框架的搭建提供了宝贵意见。感谢周力教授和孙顶强教授在预答辩中，为研究内容的调整提出了针对性意见。感谢南京师范大学的蒋伏心教授、上海交通大学的于冷教授以及南京农业大学的纪月清教授、耿献辉教授在答辩中，对研究内容的认可，以及为进一步完善提供的建设性意见。此外，还要感谢经济管理学院办公室的行政老师，为我在经管学院的学习和生活提供了慷慨的帮助，特别是在毕业前的一个暑期共同组织参与的"庆祝建党100周年"红歌合唱比赛，给我单调的科研生活增添了一抹亮眼的色彩，成为我在南农求学生涯中的一段特别回忆。

能够踏入南农这所农经界的学术殿堂，特别要感谢我的硕导王刚贞教授和师丈郑美华教授。两位教授不仅是令人羡慕的学术伉俪，也是我学术生涯的启蒙老师，更是我人生道路的引路明灯，他们谆谆如父语的教诲，在每一个分岔路口教我作出合适的选择，在每一个低谷阶段帮我找回丢失的信心，在每一个关键时刻为我把握前进的方向。"一日为师，终身为父"，即使我离开安财来到南农求学后，两位恩师仍然视我如己出，总是不断地给予我莫大的帮助与宽慰。在此，深深感谢两位恩师多年来对我的悉心栽培和暖心关怀。

"学贵得师，亦贵得友。"求学路途的风雨兼程离不开同学朋友的相伴，胡师门兄弟姐妹的团结心与凝聚力是我求学生涯乃至余生的一笔宝贵财富。这里不得不提到优秀的同门师兄郭利京老师和师姐虞袆老师，在我博士论文开题和预答辩之前最焦虑的时间里给予了我及时的帮助和开导，让我如同吃下一颗"定心丸"。感谢亦师亦友的两位师兄师姐，以及同门的所有师兄弟、师姐妹，与你们一同走访调研的日子依然历历在目、回味无穷，没有你们用时间和汗水换来的珍贵调研数据，很难想象本书实证分析如何完成！同时也要感谢我求学阶段的同窗好友，与你们谈笑风生、把酒言欢的日子弥足珍贵。"欲买桂花同载酒，终不似，少年游。"在此，祝愿你们前程似锦！

书稿能够顺利出版还要十分感谢经济管理出版社强大的编辑团队。编辑老师们的工作始终是非常专业的，也是特别高效的，更是极其敬业的，他们多次对书稿的行文逻辑、格式排版进行了悉心的指导，帮助提高了书稿的规范性、严谨性、准确性、流畅性和可读性。这让我深切感受到，一本学术专著的出版是众多助缘推动的结果，而每位编辑老师均是幕后的无名者。

"哀哀父母，生我劬劳"，我能够无忧无虑地专注于学业，一路走来的强大后盾，来自父母及家人对我不计回报的付出和无私的爱。三十载的养育之恩没齿难忘，而今我有责任和义务回报你们。特别地，要感谢我的生命里邂逅了现在的爱人王博士，是你陪伴我在两个校园里度过两段青葱岁月，见证我筚路蓝缕的求学过往，这是一段奇妙却又冥冥之中的缘分，衷心祝愿我们携手一同继往开来、不忘初心、砥砺前行！

最后要感谢两段求学经历背后的母校："诚信博学，知行统一"的安徽财经大学、"诚朴勤仁"的南京农业大学，以及她们带给我的这段流金岁月。韶华不负，未来可期，希望我能够带着求学时候的质朴初心继续探索前进路上的未知……

"文章功用不经世，何异丝窠缀露珠。"谨以此书献给长期从事畜牧业、研究畜牧业、经营畜牧企业实务、助力畜牧业高质量发展的人们。

江光辉

二〇二四年二月

于安徽财经大学合肥高等研究院